AF312634

LES PÈRES DE FAMILLE

ET LA

CONSCRIPTION

MILITAIRE

GUIDE DU TIRAGE AU SORT

ET DE LA RÉVISION

PAR M. PEAU-SAINT-MARTIN

AVOCAT AU TRIBUNAL DE PREMIÈRE INSTANCE DU MANS

Membre du Conseil d'arrondissement

DISPENSES — EXEMPTIONS — EXONÉRATION.

ENGAGEMENTS — RENGAGEMENTS.

AVANTAGES DE LA CARRIÈRE MILITAIRE.

RÈGLEMENT DU 9 JANVIER 1861 SUR L'ORGANISATION
DE LA RÉSERVE.

A PARIS

CHEZ DEZOBRY ET MAGDELEINE, LIBRAIRES-ÉDITEURS

RUE DES ÉCOLES, 78

AU MANS

CHEZ L'AUTEUR, RUE DE LA PAILLE, 9

1861

LES PÈRES DE FAMILLE

ET

LA CONSCRIPTION

MILITAIRE

F   41413

LE MANS. — IMPR. DU TEMPLE ET VIALAT.

LES PÈRES DE FAMILLE

ET LA

CONSCRIPTION

MILITAIRE

GUIDE DU TIRAGE AU SORT

ET DE LA RÉVISION

PAR M. PEAU-SAINT-MARTIN

AVOCAT AU TRIBUNAL DE PREMIÈRE INSTANCE DU MANS

Membre du Conseil d'arrondissement

DISPENSES — EXEMPTIONS — EXONÉRATION.

ENGAGEMENTS — RENGAGEMENTS.

AVANTAGES DE LA CARRIÈRE MILITAIRE.

RÈGLEMENT DU 9 JANVIER 1861 SUR L'ORGANISATION
DE LA RÉSERVE.

AU MANS

CHEZ V^{or} DOUBLET FILS ET Ce

ÉDITEURS,

ET CHEZ L'AUTEUR, RUE DE LA PAILLE, 9

1861

PRÉFACE

Cette publication n'a pas pour but d'offrir un cours
d'histoire ou de droit militaire ; mais seulement d'indiquer aux jeunes conscrits, aux pères de famille, aux
personnes qui, par position, sont appelées à siéger dans
les conseils de révision, les notions les plus usuelles
de la législation relative au recrutement de l'armée,
dont le mode a si souvent varié, suivant les peuples
et les temps.

A Rome, la forme du recrutement ressemblait beaucoup à notre conscription actuelle.

Ainsi, les hommes appelés à l'armée étaient, dans
les premiers temps de la république, réunis au champ
de Mars, et passés en revue par les tribuns légion-
naires, qui choisissaient ceux qui pouvaient con-
venir. Ils étaient juges souverains des réclamations
et des exemptions, et assignaient de plus les grades
à ceux qu'ils avaient choisis.

Le service était obligatoire ; personne ne pouvait
obtenir ni charge ni dignité dans l'État, sans avoir
payé sa dette à la patrie.

En France, pendant longtemps l'armée ne fut pas permanente. Elle se composait de levées faites en masse au moment où il fallait entrer en campagne, et ces levées se faisaient au choix, espèce de conscription, parmi les hommes propres à porter les armes.

La campagne finie, l'armée se dispersait.

Mais ces levées n'étaient pas réparties d'une manière uniforme, en prenant pour base l'ensemble de la population. Seulement, chaque propriétaire de métairie fournissait un nombre d'hommes proportionné à l'étendue de ses terres. Clotaire est le premier qui établit une conscription régulière, fixée d'après l'importance de la population.

Jusqu'à Philippe le Bel, la durée du service ne dépassait pas 40 jours. Sous son règne, elle fut portée à quatre mois.

La permanence de l'armée ne fut établie que sous Charles VII en 1445. Ce prince créa un corps de cavalerie qui prit le nom de *Compagnie d'ordonnance*. Les contingents des fiefs prirent le nom de *Cavalerie légère*. Un corps de 16,000 fantassins, fournis par les communes, prit celui de *Francs archers*.

Mais Louis XI, par un sentiment de défiance que l'on s'explique chez ce prince, supprima les francs archers, qu'il remplaça par des mercenaires suisses.

Cette suppression fut de courte durée, car Charles VIII, tout en admettant dans les armées les corps suisses, allemands et italiens, sentit le besoin d'augmenter la force de l'infanterie, et rétablit le corps des francs archers sur la base d'un homme par 55 feux.

Louis XII les supprima de nouveau, et les remplaça par des bandes ou compagnies d'infanterie soldées, qui se recrutaient par enrôlement volontaire, et dont l'importance variait suivant les besoins de la paix ou de la guerre.

François Ier ne rétablit pas la conscription des communes ; son armée se formait par enrôlement volontaire, et, jusqu'à la révolution, ce fut à peu près le seul mode de recrutement. Mais depuis longtemps on en avait compris l'insuffisance.

Cette insuffisance se fit de nouveau et plus que jamais sentir, lorsque la coalition de l'Europe menaça les frontières de la France. Aussi, dans les années de 1791 et 1792, divers décrets ordonnèrent la levée en masse de tous les hommes en état de porter les armes. Une nouvelle levée en masse, qui de nos jours a conservé le nom de *réquisition*, fut décrétée le 24 juillet 1793. Tous les hommes valides, en état de porter les armes, furent *indistinctement* appelés, et le remplacement, qui, d'ailleurs, eût été impossible alors, interdit.

Le danger passé, on en revint à l'enrôlement

volontaire; mais on ne tarda pas à en reconnaître les inconvénients; le recrutement par la voie du tirage au sort fut définitivement consacré par le décret du 8 fructidor an VIII, et le remplacement, comme la substitution entre les jeunes gens du même canton, qui n'avaient été jusqu'alors que tolérés, furent consacrés législativement. Mais l'état permanent de guerre où se trouva la France en rendit l'application à peu près impossible.

Toutes ces guerres, en nous épuisant, avaient rendu la conscription extrêmement impopulaire. Aussi l'auteur de la Charte de 1814 s'empressa-t-il d'en proclamer l'abolition.

On en revint donc au mode de recrutement par enrôlement volontaire, mais on ne tarda pas à en sentir, comme toujours, l'insuffisance, et dès 1818 on comprenait la nécessité de revenir au tirage au sort, seul mode qui offrît à l'armée comme à la population toutes les garanties dont elles avaient besoin. Le remplacement, aussi nécessaire dans l'état de nos mœurs, que le recrutement lui-même, fut maintenu. La loi du 21 mars 1832, sous l'empire de laquelle nous vivons aujourd'hui, en consacre de nouveau le principe, comme elle consacre celui de la substitution.

Mais dès lors et depuis, les meilleurs esprits se sont préoccupés des moyens de régulariser et moraliser le remplacement, qui s'effectuait d'une manière aussi funeste à l'armée que dangereuse pour les familles.

Funeste à l'armée, parce qu'il la peuplait d'individus tarés, qui avaient su dissimuler, au moment de la révision, des infirmités sérieuses qui ne tardaient pas à reparaître, et qu'on invoquait comme cas de réforme peu de temps après l'incorporation.

Quand ils ne peuplaient pas les hôpitaux, les remplaçants étaient, par leurs mauvais conseils et leurs exemples, le fléau de leurs compagnies, et alimentaient les conseils de guerre.

Voilà pour l'armée. Maintenant pour les familles :

Plusieurs d'entre nous ne doivent pas avoir oublié l'époque où le père de famille achetait directement le remplaçant de son fils, soit par lui-même, soit par un entremetteur officieux dont on payait fort cher le courtage.

Le remplaçant et son compère venaient s'installer chez le *paysan* qu'ils rançonnaient de toutes façons, y invitaient leurs amis qu'il fallait également héberger, couraient de cabarets en cabarets, où ils ne manquaient jamais de rencontrer des connaissances, et partout le pauvre père de famille était obligé de payer pour tout le monde.

S'il hésitait, l'officieux intermédiaire, qui était toujours de la partie, ne manquait pas de lui insinuer que, s'il se montrait trop rigoureux, trop regardant, il pourrait bien se trouver embarrassé en fin de compte; qu'après tout, le remplaçant ne lui avait pas remis ses papiers, que s'il refusait de se présenter au conseil de révision, on n'aurait pas de moyen de l'y contraindre... et le pauvre homme payait toujours!...

Non-seulement ses entrailles paternelles palpitaient à la seule pensée de voir son fils endosser la casaque militaire, ne fût-ce que pour un seul jour, mais il avait toujours été stipulé et payé à l'*intermédiaire* un pot-de-vin, et au futur héros, un assez fort à-compte...

De sorte que si le bonhomme tremblait pour son fils, il n'était pas non plus sans inquiétude pour sa bourse.

Mais tout n'était pas fini pourtant, car au moment de comparaître devant le conseil, il y avait toujours à produire quelque pièce décisive, et qu'on ne voulait pas montrer sans un nouvel impôt que partageait sans doute l'officieux compère.

Hélas! malgré tous ces sacrifices, il arrivait souvent que le conseil de révision refusait le candidat, quelquefois même comme ayant été déjà refusé ou réformé.

— Le malheureux père avait tout bonnement été victime d'une escroquerie.

Mais il ne pouvait songer à s'en plaindre; il fallait

aller au plus pressé ; trouver un autre remplaçant sur l'heure.

Alors, l'intermédiaire du premier traité était forcément l'intermédiaire chèrement rétribué du second. Il avait *quelqu'un de sûr* sous la main. Cet escroc de bas-étage devenait ainsi une providence pour le pauvre père, qui traitait à tout prix.

Vinrent ensuite les *marchands d'hommes* proprement dits, puis les Compagnies borgnes qui assuraient, touchaient la prime et disparaissaient ensuite sans remplacer personne.

Enfin les GRANDES COMPAGNIES qui, à l'aide de noms plus ou moins notoires, de titres pompeux, de pancartes solennelles, d'agents avinés, parcourant les campagnes de cabarets en cabarets, munis de diplômes barriolés, ornés du cachet et des armes de la compagnie qui les commissionnait, attirèrent bientôt la foule et centralisèrent toutes les affaires.

On vit alors cet affligeant spectacle, auquel on ne voudrait assurément pas croire si on n'en eût été témoin oculaire, d'une espèce de *traite des blancs* destinée à alimenter ce trafic étrange.

Ces esclaves d'un nouveau genre, recrutés dans des lieux mal famés, ou arrivant par bandes de Bretagne et d'Alsace, préludaient à leur vie de soldat en parcourant bruyamment les rues, vociférant des chants obscènes, donnant aux populations le spectacle de la plus hideuse dépravation, et tout cela sous la conduite de mercenaires tarés, qui les parquaient ensuite de bouge en bouge, les surexcitant à consommer en orgies le prix de leur infâme traité, dont ils ne manquaient pas de racheter ou de faire racheter le solde à des conditions *plus que usuraires.*

C'est alors surtout que tous les moyens de fraude furent mis en œuvre pour déguiser aux yeux des conseils de révision les vices cachés, les infirmités réelles, constituant des cas d'exemption ou de réforme, et malgré leur vigilance et leur sagacité, les juges étaient quelquefois trompés.

Les familles et les remplaçants eux-mêmes n'étaient pas non plus à l'abri d'inquiétudes et de dangers.

Tantôt le traité contenait une clause de solidarité que le père de famille n'apercevait pas, ou dont il ne comprenait pas la portée.

Quelquefois, on lui faisait signer, en traitant, des billets négociables, payables soit avant, soit même après l'expiration de la garantie, mais sans qu'aucune clause restrictive vînt avertir le tiers porteur que cette valeur était soumise à un cas résolutoire.

Le remplaçant pouvait déserter, la compagnie faire faillite sans en avoir fourni un autre, et le père de famille être obligé de payer. Cela s'est produit plus d'une fois.

Le contingent était-il augmenté, la compagnie soutenait qu'elle était dégagée, parce que c'était là un risque non prévu, un cas de force majeure.

Mais avant d'aborder le fond du procès, que de phases ne fallait-il pas subir?

Tantôt on opposait l'incompétence des juges, tantôt le défaut de pouvoirs du représentant de la compagnie qui avait traité avec le père de famille, dont le mandat contenait souvent quelque chose de restrictif et d'équivoque.

Quelquefois, la déchéance résultant du défaut de paiement d'une prime, que le père de famille croyait devoir payer chez lui, et qui, par une clause subreptice ou incomprise, était payable à Paris ou ailleurs.

Au besoin, la valeur de la société était elle-même mise en question. — Était-ce une société en nom collectif, en commandite par actions?

Avait-elle le caractère d'une société anonyme, ou tontinière, assujettie à une autorisation?

Il en résultait que si l'autorisation n'avait pas été donnée, la société était nulle et ne pouvait produire d'effet. Que si on avait payé, on n'avait payé qu'à quelqu'un sans mandat, qu'on n'avait de recours que contre un insolvable.

Le pauvre père de famille avait traité sans songer à tout cela. Il ne savait qu'une chose, lui : moyennant une prime convenue, on avait promis de remplacer son fils ; il ne se doutait pas surtout que son engagement pût entraîner entre lui et les autres assurés qu'il ne connaissait pas, une solidarité dangereuse, et qu'il n'eût jamais voulu contracter si on lui en eût expliqué les conséquences.

Ainsi, fraude envers l'État, fraude envers les familles.

On peut ajouter fraude envers le remplaçant.

En effet, souvent, comme nous l'avons vu déjà, dans ces bouges infâmes où croupissait la bande avant son incorporation, on s'arrangeait de manière à lui faire consommer en orgies le prix moyennant lequel le remplaçant s'était vendu, et dont on escomptait chèrement le solde ; et quand il arrivait au régiment, il ne lui restait le plus souvent que le souvenir de ses orgies et la honte de sa dégradation !

D'autres fois, la compagnie faisait faillite sans le payer ; il se retournait alors vers le père de famille dont il avait remplacé le fils ; mais celui-ci, lorsqu'il avait payé son prix, lui répondait naturellement que n'ayant pas traité avec lui, il ne lui devait rien.

Si le prix n'était pas payé, et qu'un tiers en fût nanti par transport régulier, on appelait ce tiers cessionnaire à la cause ; entre le remplaçant et lui s'agitait le débat.

Le remplaçant, lui, qui s'était vendu, prétendait, vis-à-vis du cessionnaire, avoir un privilége sur le prix de son traité.

Il semblait, en effet, rationnel, juste, et par conséquent légal, que le remplaçant eût sur le prix de sa personne un privilége au moins égal à celui que la loi confère au vendeur d'un immeuble, sur le prix de son champ ou de sa maison.

Mais, par un motif ou l'autre, les tribunaux jugeaient celui-ci pour, celui-là contre !

Ainsi, un cessionnaire, souvent cauteleux, mais légalement nanti de cette valeur d'un nouveau genre, venait disputer, quelquefois avec avantage, non pas à un tiers vendeur, le prix de la chose vendue, mais à *la chose vendue elle-même* (car le remplaçant était la chose vendue), le prix de sa cession.

Spectacle étrange et honteux, et dont cependant la pratique a donné plus d'un scandaleux exemple.

Aussi, depuis longtemps, les meilleurs esprits songeaient-ils sérieusement à changer ce déplorable état de choses, en substituant au remplacement, par les compagnies, le remplacement par l'État, moyennant une prime fixée administrativement. Bien des projets dans ce sens avaient été présentés à plusieurs reprises ;

mais impuissantes contre l'esprit de routine, les voix qui sollicitaient cette importante réforme venaient inutilement se perdre dans les échos bruyants des luttes de parti.

Il appartenait à la volonté puissante de Napoléon III de faire cesser ces scandales, et la loi du 25 avril 1855 est venue y mettre un terme.

Tous y gagnent : l'État, les pères de famille, les remplaçants eux-mêmes, la morale surtout.

En effet, les rues, les lieux publics n'auront plus à subir l'affligeant spectacle des orgies des *vendus*.

Le père de famille jouira d'une sécurité complète ; parce que, moyennant une prime modérée, il aura la certitude de remplacer son fils avec sécurité.

Le remplaçant ne sera plus un *vendu* qui viendra jeter dans l'armée les derniers lambeaux d'une existence usée par la débauche.

Ce sera un engagé volontaire, traitant directement avec l'État, poussé à cela, soit pour venir au secours de sa famille, soit par vocation pour la vie militaire, et en vue des avantages qu'elle devra lui procurer. Il entrera dans l'armée comme tout le monde, sans y apporter la tache originelle qui stigmatisait autrefois le remplaçant, et il aura comme tout le monde droit à l'avancement.

Ou ce sera un ancien militaire, et alors l'État y

gagnera, puisqu'il y trouvera le double avantage d'économiser les frais qu'entraîne toujours la formation d'un soldat, et de conserver dans l'armée des hommes habitués à la discipline et aux traditions de la vie militaire.

Plus tard, lorsque l'heure de la retraite aura sonné pour lui, il pourra apporter dans d'autres fonctions publiques moins pénibles, celles de garde champêtre, par exemple, les idées d'ordre et de discipline auxquelles il aura été habitué dès son enfance.

Cette loi sur la dotation de l'armée a produit déjà les plus heureux résultats. Elle est appelée, nous n'en doutons pas, à en produire de bien plus sérieux dans l'avenir.

Ainsi, lorsque les avantages de la carrière militaire seront connus et appréciés, il n'est pas douteux qu'elle ne soit recherchée.

Alors il sera possible d'abaisser le taux de l'exonération, et de le mettre à la portée des plus petites fortunes, au moyen de quelque grande institution tontinière gérée par l'État, dont les caisses d'épargne seraient tout à la fois la base et le moyen.

LES PÈRES DE FAMILLE

ET LA

CONSCRIPTION MILITAIRE

LOI DU 21 MARS 1832

SUR LE RECRUTEMENT DE L'ARMÉE.

TITRE Ier. — *Dispositions générales.*

ART. Ier. L'armée se recrute par des appels et des engagements volontaires, conformément aux règles prescrites ci-après, titres II et III.

2. Nul ne sera admis à servir dans les troupes françaises, s'il n'est Français.

Tout individu né en France de parents étrangers sera soumis aux obligations imposées par la présente loi, immédiatement après qu'il aura été admis à jouir du bénéfice de l'article 9 du Code civil.

Sont exclus du service militaire, et ne pourront, à aucun titre, servir dans l'armée :

1° Les individus qui ont été condamnés à une peine afflictive ou infamante ;

2° Ceux condamnés à une peine correctionnelle de deux ans d'emprisonnement et au-dessus, et qui, en outre, ont été placés par le jugement de condamnation sous la surveillance de la haute police, et interdits des droits civiques, civils et de famille.

3. L'armée se compose, dans les proportions qui résultent des lois annuelles de finances et du contingent :

1° De l'effectif entretenu sous les drapeaux ;

2° Des hommes qui sont laissés ou envoyés en congé dans leurs foyers.

Titre II. — *Des appels.*

4. Le tableau de la répartition, entre les départements, du nombre d'hommes à fournir, en vertu de la loi annuelle du contingent, pour les troupes de terre et de mer, sera annexé à ladite loi.

Le mode de cette répartition sera fixé par la même loi.

5. Le contingent assigné à chaque canton sera fourni par un tirage au sort entre les jeunes Français qui auront leur domicile légal dans le canton, et qui auront atteint l'âge de vingt ans révolus dans le courant de l'année précédente.

6. Seront considérés comme légalement domiciliés dans le canton :

1º Les jeunes gens, même émancipés, engagés, établis au dehors, expatriés, absents ou détenus, si d'ailleurs leurs père, mère ou tuteur ont leur domicile dans une des communes du canton, ou s'ils sont fils d'un père expatrié qui avait son dernier domicile dans une desdites communes ;

2º Les jeunes gens mariés dont le père ou la mère, à défaut de père, sont domiciliés dans le canton, à moins qu'ils ne justifient de leur domicile réel dans un autre canton ;

3º Les jeunes gens mariés et domiciliés dans le canton, alors même que leur père ou leur mère n'y seraient pas domiciliés ;

4º Les jeunes gens nés et résidant dans le canton qui n'auraient ni leur père, ni leur mère, ni tuteur ;

5º Les jeunes gens résidant dans le canton qui ne seraient dans aucun des cas précédents, et qui ne justifieraient pas de leur inscription dans un autre canton.

7. Seront, d'après la notoriété publique, considérés comme ayant l'âge requis pour le tirage, les jeunes gens qui ne pourront produire, ou n'auront pas produit avant le tirage un extrait des registres de l'état civil, constatant un âge différent, ou qui, à défaut de registres, ne pourront prouver ou n'auront pas prouvé leur âge, conformément à l'article 46 du Code civil.

Ils suivront la chance du numéro qu'ils auront obtenu.

8. Les tableaux de recensement des jeunes gens du canton soumis au tirage d'après les règles précédentes, seront dressés par les maires :

1° Sur la déclaration à laquelle seront tenus les jeunes gens, leurs parents ou tuteurs ;

2° D'office, d'après les registres de l'état civil et tous autres documents ou renseignements.

Ils seront ensuite publiés et affichés dans chaque commune et dans les formes prescrites par les articles 63 et 64 du Code civil.

Un avis publié dans les mêmes formes indiquera les lieu, jour et heure où il sera procédé à l'examen desdits tableaux et à la désignation, par le sort, du contingent cantonal.

9. Si, dans l'un des tableaux de recensement des années précédentes, des jeunes gens ont été omis, ils seront inscrits sur le tableau de l'année qui suivra celle où l'omission aura été découverte, à moins qu'ils n'aient trente ans accomplis.

10. Dans les cantons composés de plusieurs communes, l'examen des tableaux de recensement et le tirage au sort auront lieu au chef-lieu de canton, en séance publique, devant le sous-préfet, assisté des maires du canton. Dans les communes qui forment un ou plusieurs cantons, le sous-préfet sera assisté du maire et de ses adjoints.

Le tableau sera lu à haute voix. Les jeunes gens, leurs parents ou ayants cause, seront entendus dans leurs observations. Le sous-préfet statuera, après avoir pris l'avis des maires. Le tableau rectifié, s'il y a lieu, et définitivement arrêté, sera revêtu de leurs signatures.

Dans les cantons composés de plusieurs communes, l'ordre dans lequel elles seront appelées pour le tirage sera, chaque fois, indiqué par le sort.

11. Le sous-préfet inscrira en tête de la liste du tirage les noms des jeunes gens qui se trouveront dans les cas prévus par le second paragraphe de l'article 38 ci-après.

Les premiers numéros leur seront attribués de droit : ces numéros seront en conséquence extraits de l'urne avant l'opération du tirage.

12. Avant de commencer l'opération du tirage, le sous-préfet comptera publiquement les numéros déposés dans l'urne ; et, après s'être assuré que ce nombre est égal à celui des jeunes gens appelés à y concourir, il en fera la déclaration à haute voix.

Aussitôt après, chacun des jeunes gens appelés dans l'ordre du tableau prendra dans l'urne un numéro qui sera immédiatement proclamé et inscrit. Les parents des absents, ou, à leur défaut, le maire de leur commune, tireront à leur place.

L'opération du tirage achevée sera définitive : elle ne pourra, sous aucun prétexte, être recommencée, et chacun gardera le numéro qn'il aura tiré.

La liste, par ordre de numéros, sera dressée au fur et à mesure du tirage. Il y sera fait mention des cas et des motifs d'exemption ou de déduction que les jeunes gens ou leurs parents, ou les maires des communes se proposeront de faire valoir devant le conseil de révision dont il sera parlé ci-après. Le sous-préfet y ajoutera ses observations.

La liste du tirage sera ensuite lue, arrêtée et signée de la même manière que le tableau de recensement, et annexée avec ledit tableau au procès-verbal des opérations. Elle sera publiée et affichée dans chaque commune du canton.

13. Seront exemptés et remplacés, dans l'ordre des numéros subséquents, les jeunes gens que leur numéro désignera pour faire partie du contingent, et qui se trouveront dans un des cas suivants, savoir :

1° Ceux qui n'auront pas la taille d'un mètre cinquante-six centimètres ;

2° Ceux que leurs infirmités rendront impropres au service ;

3° L'aîné d'orphelins de père et de mère ;

4° Le fils unique ou l'aîné des fils, ou, à défaut de fils ou de gendre, le petit-fils unique ou l'aîné des petits-fils d'une femme actuellement veuve, ou d'un père aveugle ou entré dans sa soixante-dixième année.

Dans les cas prévus par les paragraphes ci-dessus notés 3° et 4°, le frère puîné jouira de l'exemption si le frère aîné est aveugle ou atteint de toute autre infirmité incurable qui le rend impotent ;

5° Le plus âgé de deux frères appelés à faire partie du même tirage, et désignés tous deux par le sort, si le plus jeune est reconnu propre au service ;

6° Celui dont un frère sera sous les drapeaux à tout autre titre que pour remplacement ;

7° Celui dont un frère sera mort en activité de service ou aura été réformé, ou admis à la retraite pour blessures reçues dans un service commandé, ou infirmités contractées dans les armées de terre ou de mer.

L'exemption accordée conformément aux numéros 6 et 7 ci-dessus sera appliquée dans la même famille autant de fois que les mêmes droits s'y reproduiront.

Seront comptées néanmoins en déduction desdites exemptions les exemptions déjà accordées aux frères vivants, en vertu du présent article, à tout autre titre que pour infirmité.

Le jeune homme omis qui ne se sera pas présenté par lui ou par ses ayants cause pour concourir au tirage de la classe à laquelle il appartenait, ne pourra réclamer le bénéfice des exemptions indiquées par les numéros 3, 4, 5, 6 et 7 du présent article, si les causes de ces exemptions ne sont survenues que postérieurement à la clôture des listes du contingent de sa classe.

14. Seront considérés comme ayant satisfait à l'appel et comptés numériquement en déduction du contingent à former, les jeunes gens désignés par leur numéro pour faire partie dudit contingent qui se trouveront dans l'un des cas suivants :

1° Ceux qui seraient déjà liés au service, dans les armées de terre ou de mer, en vertu d'un engagement volontaire, d'un brevet ou d'une commission, sous la condition qu'ils seront, dans tous les cas, tenus d'accomplir le temps de service prescrit par la présente loi ;

2° Les jeunes marins portés sur les registres matricules de l'inscription maritime, conformément aux règles prescrites par les articles 1, 2, 3, 4 et 5 de la loi du 25 octobre 1795 (3 brumaire an IV), et les charpentiers de navires, perceurs, voiliers et calfats immatriculés, conformément à l'article 44 de ladite loi ;

3° Les élèves de l'Ecole polytechnique, à condition qu'ils passeront, soit dans ladite école, soit dans les services publics, un temps égal à celui fixé par la présente loi pour le service militaire ;

4° Ceux qui, étant membres de l'instruction publique, auraient contracté, avant l'époque déterminée pour le tirage au sort, et devant le conseil de l'université, l'engagement de se vouer à la carrière de l'enseignement.

La même disposition est applicable aux élèves de l'Ecole normale centrale de Paris, à ceux de l'Ecole dite *de jeunes de langues*, et aux professeurs des institutions royales des Sourds-muets ;

5° Les élèves de grands séminaires, régulièrement autorisés à continuer leurs études ecclésiastiques; les jeunes gens autorisés à continuer leurs études pour se vouer au ministère dans les autres cultes salariés par l'État, sous la condition, pour les premiers, que, s'ils ne sont pas entrés dans les ordres majeurs à vingt-cinq ans accomplis, et pour les seconds, que s'ils n'ont pas reçu la consécration dans l'année qui suivra celle où ils auraient pu la recevoir, ils seront tenus d'accomplir le temps de service prescrit par la présente loi ;

6° Les jeunes gens qui auront remporté les grands prix de l'Institut ou de l'Université.

Les jeunes gens désignés par leur numéro pour faire partie du contingent cantonal, et qui en auront été déduits conditionnellement en exécution des numéros 1, 3, 4 et 5 du présent article, lorsqu'ils cessseront de suivre la carrière en vue de laquelle ils auront été comptés en déduction du contingent, seront tenus d'en faire la déclaration au maire de leur commune dans l'année où ils auront cessé leurs services, fonctions ou études, et de retirer expédition de leur déclaration.

Faute par eux de faire cette déclaration, et de la soumettre au visa du préfet du département dans le délai d'un mois, ils seront passibles des peines prononcées par le premier paragraphe de l'article 38 de la présente loi.

Ils seront rétablis dans le contingent de leurs classes,

sans déduction du temps écoulé depuis la cessation desdits services, fonctions ou études, jusqu'au moment de la déclaration.

15. Les opérations du recrutement seront revues, les réclamations auxquelles ces opérations auraient pu donner lieu seront entendues, et les causes d'exemption et de déduction seront jugées, en séance publique, par un conseil de révision composé :

Du préfet, président, ou, à son défaut, du conseiller de préfecture qu'il aura délégué ;

D'un conseiller de préfecture ;

D'un membre du conseil général du département ;

D'un membre du conseil d'arrondissement, tous trois à la désignation du préfet ;

D'un officier général ou supérieur désigné par le roi.

Un membre de l'intendance militaire assistera aux opérations du conseil de révision : il sera entendu toutes les fois qu'il le demandera, et pourra faire consigner ses observations aux registres des délibérations.

Le conseil de révision se transportera dans les divers cantons ; toutefois, suivant les localités, le préfet pourra réunir dans le même lieu plusieurs cantons pour les opérations du conseil.

Le sous-préfet, ou le fonctionnaire par lequel il aurait été suppléé pour les opérations du tirage, assistera aux séances que le conseil de révision tiendra dans l'étendue de son arrondissement.

Il y aura voix consultative.

16. Les jeunes gens qui, d'après leurs numéros, pourront être appelés à faire partie du contingent, seront convoqués, examinés et entendus par le conseil de révision.

S'ils ne se rendent point à la convocation, ou s'ils ne se font pas représenter, ou s'ils n'obtiennent pas un délai, il sera procédé comme s'ils étaient présents.

Dans les cas d'exemption pour infirmités, les gens de l'art seront consultés.

Les autres cas d'exemption ou de déduction seront jugés sur la production de documents authenthiques, ou, à défaut de documents, sur des certificats signés de trois pères de famille domiciliés dans le même canton, dont les fils sont soumis à l'appel ou ont été appelés. Ces certificats devront en outre être signés et approuvés par le maire de la commune du réclamant.

17. Le conseil de révision statuera également sur les substitutions de numéros et les demandes de remplacement.

18. Les substitutions de numéros sur la liste cantonale pourront avoir lieu, si celui qui se présente à la place de l'appelé est reconnu propre au service par le conseil de révision.

19. Les jeunes gens compris définitivement dans le contingent cantonal pourront se faire remplacer.

Le remplacement ne pourra avoir lieu qu'aux conditions suivantes :

Le remplaçant devra,

1° Etre libre de tout service et obligations imposées soit par la présente loi, soit par celle du 25 octobre 1795, sur l'inscription maritime ;

2° Etre âgé de vingt à trente ans au plus, ou de vingt à trente-cinq, s'il a été militaire, ou de dix-huit à trente, s'il est frère de remplacé ;

3° N'être ni marié, ni veuf avec enfants ;

4° Avoir au moins la taille d'un mètre cinquante-six centimètres, s'il n'a pas déjà servi dans l'armée, et réunir les autres qualités requises pour faire un bon service ;

5° N'avoir pas été réformé du service militaire ;

6° Suivant sa position, être porteur des certificats spécifiés dans les articles 20 et 21 ci-après.

20. Le remplaçant produira un certificat délivré par le maire de la commune de son dernier domicile. Si le remplaçant ne compte pas au moins une année de séjour dans cette commune, il sera tenu d'en produire également un autre du maire de la commune ou des maires des communes où il aura été domicilié pendant le cours de cette année.

Les certificats devront contenir le signalement du remplaçant, et attester :

1° La durée du temps pendant lequel il a été domicilié dans la commune ;

2° Qu'il jouit de ses droits civils ;

3º Qu'il n'a jamais été condamné à une peine correctionnelle pour vol, escroquerie, abus de confiance, ou
attentat aux mœurs.

Dans le cas où le maire de la commune ne connaîtrait
pas l'individu qui fera la demande de ce certificat, il devra
en constater légalement l'identité, et recueillir les preuves
et témoignages qu'il jugera convenables pour arriver à la
connaissance de la vérité.

21. Si le remplaçant a été militaire, outre le certificat
du maire, il devra produire un certificat de bonne conduite
du corps dans lequel il aura servi.

22. Le remplaçant sera admis par le conseil de révision
du département dans lequel le remplacé a concouru au
tirage.

23. Le remplacé sera, pour le cas de désertion, responsable de son remplaçant pendant un an, à compter du
jour de l'acte passé devant le préfet. Il sera libéré si le
remplaçant meurt sous les drapeaux, ou si, en cas de désertion, il est arrêté pendant l'année.

25. Les actes de substitution et de remplacement seront reçus par le préfet, dans les formes prescrites pour
les actes administratifs.

Les stipulations particulières qui pourraient avoir lieu
entre les contractants, à l'occasion des substitutions et remplacements, seront soumises aux mêmes règles et forma-
lités que tout autre contrat civil.

25. Hors les cas prévus ci-après, articles 26 et 27, les
décisions du conseil de révision seront définitives.

26. Lorsque les jeunes gens désignés par leur numéro
pour faire partie du contingent cantonal auront fait des
réclamations dont l'admission ou le rejet dépendra de la
décision à intervenir sur des questions judiciaires relatives
à leur état où à leurs droits civils, des jeunes gens en
pareil nombre, suivant l'ordre du tirage, seront désignés pour suppléer ces réclamants, s'il y a lieu. Ils ne
seront appelés que dans le cas où, par l'effet des décisions judiciaires, les réclamants seraient définitivement
libérés.

Ces questions seront jugées contradictoirement avec le
préfet, à la requête de la partie la plus diligente.

Les tribunaux statueront sans délai, le ministère public entendu, sauf appel.

27. La disposition de l'article précédent, relative aux jeunes gens appelés conditionnellement, sera également appliquée, lorsqu'aux termes de l'article 41 ci-après, des jeunes gens auront été déférés aux tribunaux comme prévenus de s'être rendus impropres au service, lorsque le conseil de révision aura accordé un délai pour production de pièces justificatives, ou pour cas d'absence, lequel délai ne pourra excéder vingt jours.

28. Après que le conseil de révision aura statué sur les exemptions, déductions, substitutions, remplacements, ainsi que sur toutes les réclamations auxquelles les opérations du recrutement auront pu donner lieu, la liste du contingent de chaque canton sera définitivement arrêtée et signée par le conseil de révision, et les noms inscrits seront proclamés.

Les jeunes gens qui, aux termes des articles 26 et 27, sont appelés les uns à défaut des autres, ne seront inscrits sur la liste du contingent que conditionnellement et sous la réserve de leurs droits.

Le conseil déclarera ensuite que les jeunes gens qui n sont pas inscrits sur cette liste, sont définitivement li bérés. Cette déclaration, avec l'indication du dernier nu méro compris dans le contingent cantonal, sera publiée e affichée dans chaque commune du canton.

Dès que les délais accordés en vertu de l'article 27 seron expirés, ou que les tribunaux auront statué en exécutio des articles 26 et 41, le conseil prononcera de la mêm manière la libération des réclamants ou des jeunes gen conditionnellement désignés pour les suppléer.

Le conseil de révision ne pourra statuer ultérieur ment sur les jeunes gens portés sur les listes du contin gent que pour les demandes de substitution et de rempl cement.

La réunion de toutes les listes du contingent de chaqu canton d'un même département formera la liste du co tingent départemental.

29. Les jeunes gens définitivement appelés, ou ceux q ont été admis à les remplacer, seront immédiatement r

partis entre les corps de l'armée, et inscrits sur les registres matricules des corps pour lesquels ils seront désignés.

Néanmoins ils seront, d'après l'ordre de leurs numéros et les proportions déterminées par les lois annuelles du contingent, divisés en deux classes, composées, la première, de ceux qui devront être mis en activité, et la seconde, de ceux qui seront laissés dans leurs foyers.

Les jeunes soldats compris dans la seconde classe ne pourront être mis en activité qu'en vertu d'une ordonnance royale.

30. La durée du service des jeunes soldats appelés sera de sept ans, qui compteront du 1er janvier de l'année où ils auront été inscrits sur les registres matricules des corps de l'armée.

Le 31 décembre de chaque année, en temps de paix, les soldats qui auront achevé leur temps de service recevront leur congé définitif.

Ils le recevront en temps de guerre immédiatement après l'arrivée au corps du contingent destiné à les remplacer.

Lorsqu'il y aura lieu d'accorder des congés illimités, ils seront délivrés dans chaque corps aux militaires les plus anciens de service effectif sous les drapeaux, et de préférence à ceux qui les demanderont.

Les hommes laissés ou envoyés en congé pourront être soumis à des revues et à des exercices périodiques qui seront fixés par le ministre de la guerre.

TITRE. III. — *Des engagements et rengagements.*

SECTION Ire. — *Des engagements.*

31. Il n'y aura dans les troupes françaises ni prime en argent, ni prix quelconque d'engagement.

32. Tout Français sera reçu à contracter un engagement volontaire aux conditions suivantes :

L'engagé volontaire devra :

1o S'il entre dans l'armée de mer, avoir seize ans accomplis, sans être tenu d'avoir la taille prescrite par la loi, mais sous la condition qu'à l'âge de dix-huit ans il ne pourra être reçu s'il n'a pas cette taille ;

2° S'il entre dans l'armée de terre, avoir dix-huit ans accomplis et au moins la taille d'un mètre cinquante-six centimètres ;

3° Jouir de ses droits civils ;

4° N'être ni marié, ni veuf avec enfants ;

5° Etre porteur d'un certificat de bonnes vie et mœurs, délivré dans les formes prescrites par l'article 20, et, s'il a moins de vingt ans, justifier du consentement de ses père, mère ou tuteur.

Ce dernier devra être autorisé par une délibération du conseil de famille.

Les conditions relatives, soit à l'aptitude militaire, soit à l'admissibilité dans les différents corps de l'armée, seront déterminées par des ordonnances du roi, insérées au *Bulletin des lois*.

33. La durée de l'engagement volontaire sera de sept ans.

En cas de guerre, tout Français qui n'appartient à aucun contingent, et qui a satisfait à la loi du recrutement, pourra être admis à contracter un engagement volontaire de deux ans. Ces engagements ne donneront pas lieu aux exemptions prononcées par les n° 6 et 7 de l'article 13 de la présente loi.

Dans aucun cas, les engagés volontaires ne pourront être envoyés en congé sans leur consentement.

34. Les engagements volontaires seront contractés dans les formes prescrites par les articles, 34, 35, 36, 37, 38, 39, 40, 42 et 44 du Code civil, devant les maires de chefs-lieux de canton.

Les conditions relatives à la durée des engagements seront insérées dans l'acte même.

Les autres conditions seront lues aux contractants avant la signature, et mention en sera faite à la fin de l'acte ; le tout sous peine de nullité.

35. L'état sommaire des engagements volontaires de l'année précédente sera communiqué aux Chambres, lors de la présentation de la loi du contingent annuel.

Section II. — *Des rengagements.*

36. Les rengagements pourront être reçus même pour deux ans, et ne pourront excéder la durée de cinq ans.

Les rengagements ne pourront être reçus que pendant le cours de la dernière année de service due par le contractant. A l'expiration de cette année, ils donneront droit à une haute paie.

Les autres conditions seront déterminées par les ordonnances du roi insérées au *Bulletin des lois.*

37. Les rengagements seront contractés devant les intendants ou sous-intendants militaires, dans les formes prescrites par l'article 34, sur la preuve que le contractant peut rester ou être admis dans le corps pour lequel il se présente.

Titre IV. — *Dispositions pénales.*

38. Toutes fraudes ou manœuvres par suite desquelles un jeune homme aura été omis sur les tableaux de recensement, seront déférées aux tribunaux ordinaires, et punies d'un emprisonnement d'un mois à un an.

Le jeune homme omis, s'il a été condamné comme auteur ou complice desdites fraudes ou manœuvres, sera, à l'expiration de sa peine, inscrit sur la liste du tirage, ainsi que le prescrit l'article 11.

39. Tout jeune soldat qui aura reçu un ordre de route et ne sera point arrivé à sa destination au jour fixé par cet ordre, sera, après un mois de délai et hors le cas de force majeure, puni, comme insoumis, d'un emprisonnement qui ne pourra être moindre d'un mois, ni excéder une année.

L'insoumis sera jugé par le conseil de guerre de la division militaire dans laquelle il aura été arrêté.

Le temps pendant lequel le jeune soldat aura été insoumis ne comptera pas en déduction des sept années de service exigées.

40. Quiconque sera reconnu coupable d'avoir recélé ou d'avoir pris à son service un insoumis, sera puni d'un em-

prisonnement qui ne pourra excéder six mois. Selon les circonstances, la peine pourra être réduite à une amende de vingt à deux cents francs.

Quiconque sera convaincu d'avoir favorisé l'évasion d'un insoumis, sera puni d'un emprisonnement d'un mois à un an.

La même peine sera prononcée contre ceux qui, par des manœuvres coupables, auraient empêché ou retardé le départ des jeunes soldats.

Si le délinquant est fonctionnaire public, employé du Gouvernement, ou ministre d'un culte salarié par l'État, la peine pourra être portée jusqu'à deux années d'emprisonnement, et il sera, en outre, condamné à une amende qui ne pourra excéder 2,000 francs.

41. Les jeunes gens appelés à faire partie du contingent de leur classe qui seront prévenus de s'être rendus impropres au service militaire, soit temporairement, soit d'une manière permanente, dans le but de se soustraire aux obligations imposées par la présente loi, seront déférés aux tribunaux par les conseils de révision, et, s'ils sont reconnus coupables, ils seront punis d'un emprisonnement d'un mois à un an.

Seront également déférés aux tribunaux, et punis de la même peine, les jeunes soldats qui, dans l'intervalle de la clôture du contingent de leur canton à leur mise en activité, se seront rendus coupables du même délit.

A l'expiration de leur peine, les uns et les autres seront à la disposition du ministre de la guerre pour le temps que doit à l'Etat la classe dont ils font partie.

La peine portée au présent article sera prononcée contre les complices. Si les complices sont des médecins, chirurgiens, officiers de santé, ou pharmaciens, la durée de l'emprisonnement sera de deux mois à deux ans, indépendamment d'une amende de 200 francs à 1,000 francs qui pourra être prononcée, et sans préjudice de peines plus graves, dans les cas prévus par le Code pénal.

42. Ne comptera pas pour les années de service exigées par la présente loi, le temps passé dans l'état de détention en vertu d'un jugement.

43. Toute substitution, tout remplacement effectué, soit

en contravention des dispositions de la présente loi, soit au moyen de pièces fausses ou de manœuvres frauduleuses, sera déféré aux tribunaux, et, sur le jugement qui prononcerait la nullité de l'acte de substitution ou de remplacement, l'appelé sera tenu de rejoindre son corps, ou de fournir un remplaçant dans le délai d'un mois, à dater de la notification de ce jugement.

Quiconque aura sciemment concouru à la substitution ou au remplacement frauduleux, comme auteur ou complice, sera puni d'un emprisonnement de trois mois à deux ans, sans préjudice de peines plus graves en cas de faux.

44. Tout fonctionnaire ou officier public, civil ou militaire, qui, sous quelque prétexte que ce soit, aura autorisé ou admis des exemptions, déductions ou exclusions autres que celles déterminées par la présente loi, ou qui aura donné arbitrairement une extension quelconque, soit à la durée, soit aux règles ou conditions des appels, des engagements ou des rengagements, sera coupable d'abus d'autorité, et puni des peines portées dans l'article 185 du Code pénal, sans préjudice des peines plus graves prononcées par ce code dans les autres cas qu'il a prévus.

45. Les médecins, chirurgiens ou officiers de santé qui, appelés au conseil de révision à l'effet de donner leur avis conformément à l'article 16, auront reçu des dons ou agréé des promesses pour être favorables aux jeunes gens qu'ils doivent examiner, seront punis d'un emprisonnement de deux mois à deux ans.

Cette peine leur sera appliquée, soit qu'au moment des dons ou promesses ils aient déjà été désignés pour assister au conseil, soit que les dons ou promesses aient été agréés dans la prévoyance des fonctions qu'ils auraient à y remplir.

Il leur est défendu, sous la même peine, de rien recevoir, même pour une réforme justement prononcée.

46. Dans tous les cas non prévus par les dispositions précédentes, les tribunaux civils et militaires, dans les limites de leur compétence, appliqueront les lois pénales ordinaires aux délits auxquels pourra donner lieu l'exécution du mode de recrutement déterminé par la présente loi.

Pour les délits militaires, les juges pourront user de la faculté énoncée en l'article 595 du Code d'instruction criminelle.

Dans tous les cas où la peine d'emprisonnement est prononcée par la présente loi, les juges pourront, suivant les circonstances, user de la faculté exprimée dans l'article 463 du Code pénal.

47. Les jeunes gens appelés au service en exécution de la présente loi recevront, dans le corps auquel ils seront attachés, et autant que le service militaire le permettra, l'instruction prescrite pour les écoles primaires.

48. Nul ne sera admis, avant l'âge de trente ans accomplis, à un emploi civil ou militaire, s'il ne justifie qu'il a satisfait aux obligations imposées par la présente loi (1).

ORDONNANCE DU ROI

Du 28 avril 1832,

SUR LES ENGAGEMENTS VOLONTAIRES ET LES RENGAGEMENTS.

Louis-Philippe, etc., vu la loi du 21 mars 1832, sur le recrutement de l'armée , etc.

TITRE 1er. — *Des engagements volontaires.*

ART. 1er. Tout Français qui demandera à contracter un engagement volontaire pour servir dans l'armée de terre, devra, indépendamment des conditions exigées par l'article 32 de la loi, réunir les qualités suivantes :

1° Etre sain, robuste et bien constitué ; 2° ne pas être âgé de plus de trente ans révolus ; 3° avoir, selon l'arme à laquelle il se destine et le corps dans lequel il demande à entrer, au moins le minimum et au plus le maximum de taille fixés dans le tableau joint à la présente ordonnance ; 4° remplir l'une des conditions d'aptitude ou exercer l'une des professions indiquées au même tableau.

2. Les Français qui ont déjà servi seront, jusqu'à trente-

(1) Cette disposition a été modifiée par la loi du 24 juillet 1860, qui permet le rengagement dans la 4e année de service. (*Instruction du 6 octobre 1860.*)

cinq ans révolus, reçus à s'engager pour l'arme dont ils auront fait partie.

Passé l'âge de trente ans, ils ne seront admis dans une autre arme que s'ils exercent une profession utile à cette arme.

3. Les anciens militaires âgés de plus de trente-cinq ans ne pourront contracter d'engagement volontaire que pour les compagnies de vétérans, et ils n'y seront reçus que jusqu'à l'âge de quarante-cinq ans accomplis.

4. Tout Français servant comme gagiste dans un corps de troupe française, et qui contractera un engagement volontaire conformément à la loi, sera reçu à compter comme temps de service militaire le temps qu'il aura passé sous les drapeaux en qualité de gagiste.

Le temps passé dans un corps comme gagiste avant l'âge de dix-huit ans accomplis, ne sera pas compté comme temps de service militaire.

L'engagement volontaire des gagistes n'aura lieu que sur l'autorisation des inspecteurs généraux d'armes.

5. L'engagement volontaire sera toujours contracté pour l'arme à laquelle l'engagé se destine.

6. Tout Français qui demandera à s'engager devra faire constater qu'il a les qualités requises pour l'arme à laquelle il se destine. A cet effet, il se présentera devant le chef du corps dans lequel il désire prendre du service, ou devant l'officier du recrutement, ou l'officier de gendarmerie le plus voisin de sa résidence.

7. Après s'être assuré que l'engagé a la taille et les autres qualités requises par la présente ordonnance pour le service militaire et l'arme à laquelle il se destine, l'officier fera constater en sa présence, par un docteur en médecine ou en chirurgie, et, à défaut de l'un ou de l'autre, par un officier de santé employé pour les actes de l'état civil ou de la police judiciaire, ou attaché à un hospice civil ou militaire, si cet engagé n'a aucune infirmité apparente ou cachée, et s'il est d'une constitution saine et robuste.

8. Muni du certificat qui constate son acceptation par l'autorité militaire, le contractant se présentera devant le

maire d'un chef-lieu de canton , qui seul est appelé à dresser l'acte d'engagement.

Il justifiera de son âge par des pièces authentiques, et produira le certificat de bonnes vie et mœurs prescrit par l'article 20 de la loi.

9. Le maire constatera l'identité du contractant, et lui fera déclarer, en présence des deux témoins exigés par l'article 31 du Code civil :

1° Qu'il n'est ni marié, ni veuf avec enfants ;

2° Qu'il n'est lié au service de terre ou de mer, ni comme engagé volontaire ou rengagé, ni comme appelé ou substituant, ni comme remplaçant ou inscrit maritime.

Ladite déclaration sera insérée dans l'acte d'engagement.

10. Si l'engagé a déjà servi, il devra justifier qu'il est dégagé des obligations qui lui étaient imposées, en produisant le titre en vertu duquel il est rentré dans ses foyers, ou a été congédié ou licencié.

Les inscrits maritimes auront à présenter un acte de déclassement signé par le commissaire de l'inscription maritime de leur quartier.

11. Les jeunes gens désignés par le sort pour faire partie du contingent de leur classe ne seront reçus à s'engager que jusqu'au jour de la clôture de la liste du contingent de leur canton.

12. La durée de l'engagement est fixée à sept ans, sauf le cas exceptionnel prévu à l'article 33 de la loi, et dont l'application sera réglée par une ordonnance royale.

La durée du service de l'engagé volontaire comptera du jour où il aura souscrit son acte d'engagement.

13. L'acte d'engagement volontaire sera conforme au modèle joint à la présente ordonnance.

14. Avant la signature de l'acte, le maire du chef-lieu de canton donnera lecture à l'engagé :

1° Des articles 2, 31, 32, 33 et 34 de la loi du 21 mars 1832, relatifs aux engagements volontaires;

2° Des articles 16 et 17 de la présente ordonnance, concernant les engagés volontaires trouvés hors de la route qui leur a été tracée, et ceux qui ne se rendent pas à leur destination dans les délais prescrits ;

3° De l'acte de l'engagement contracté.

Les certificats, et autres pièces produites par l'engagé volontaire resteront annexés à la minute de l'acte.

15. Tout engagé volontaire recevra, immédiatement après la signature de son acte d'engagement, une expédition de cet acte et un ordre de route pour se rendre à son corps par la voie la plus directe.

16. Lorsqu'un engagé volontaire sera trouvé par la gendarmerie hors de la route qui lui aura été tracée, il devra être conduit devant le commandant de la gendarmerie de l'arrondissement, qui, suivant l'examen des motifs, le fera remettre sur le chemin qu'il devait suivre, ou conduire de brigade en brigade à son corps.

17. Si, un mois après le jour où l'engagé volontaire aura dû arriver au corps, il ne s'y est pas rendu, et si le chef du corps n'a point été informé de son entrée à l'hôpital ou de son décès en route, l'engagé volontaire sera poursuivi comme insoumis et puni, conformément à l'article 39 de la loi du 21 mars 1832, d'un emprisonnement qui ne pourra être moindre d'un mois ni excéder une année.

18. Tout engagé volontaire qui prétendrait que l'acte qui le lie au service militaire est illégal ou irrégulier, devra adresser sa réclamation au préfet du département où l'acte a été contracté, ou, s'il se trouve sous les drapeaux, au lieutenant général commandant la division.

Les lieutenants généraux et les préfets transmettront les demandes en annulation d'acte d'engagement volontaire à notre ministre secrétaire d'État de la guerre, qui statuera, s'il y a lieu, ou renverra la contestation devant les tribunaux.

19. L'engagé volontaire reconnu impropre au service de l'arme dont il a fait choix, ne sera contraint de servir dans une autre arme que s'il fait partie du contingent de sa classe et si son numéro de tirage a été appelé à l'activité.

20. Les douze arrondissements de la ville de Paris étant considérés comme cantons, les maires de ces arrondissements pourront recevoir les actes d'engagement volontaire.

Titre II. — *Des rengagements.*

21. Les rengagements seront contractés pour deux, trois, quatre ou cinq ans.

Tout militaire qui voudra se rengager, devra réunir les conditions suivantes :

1° Etre dans le cours de sa dernière année de service ;

2° Etre sain, robuste et en état de faire encore un bon service ;

3° N'avoir pas cinquante ans d'âge ou trente ans de services accomplis.

22. Tout militaire devra, pour être reçu à se rengager, adresser sa demande, soit au chef du corps auquel il appartient, soit au chef du corps dans lequel il a l'intention de continuer à servir.

Si sa demande est accueillie, il lui sera délivré une attestation portant :

1° Qu'il réunit les qualités requises pour faire un bon service ; 2° qu'il a toujours tenu une bonne conduite pendant son séjour au corps ; 3° qu'il peut rester ou être admis dans le corps pour lequel il se présente.

23. Muni de cette attestation, le militaire se présentera devant le sous-intendant militaire pour constater l'acte de rengagement.

24. Les rengagements seront contractés pour l'arme à laquelle le militaire se destine et dans les formes prescrites par l'article 34 de la loi.

L'acte de rengagement sera conforme au modèle annexé à la présente ordonnance.

25. Le militaire en congé temporaire dans ses foyers pourra être admis à contracter un rengagement devant le sous-intendant militaire de son département, s'il produit :

1° Un certificat d'aptitude délivré par l'officier de recrutement, portant que le militaire réunit les qualités requises pour faire un bon service ;

2° Un certificat du chef de son corps, constatant qu'il a toujours tenu une bonne conduite :

Si le militaire est absent de son corps depuis plus de

trois mois, il sera tenu de produire en outre un certificat pareil du maire de sa commune ;

3° Un certificat du chef du corps dans lequel il demande à entrer, constatant qu'il peut y être admis.

26. Le militaire en congé temporaire dans ses foyers, et qui aura contracté un rengagement, sera immédiatement mis en route pour le corps dans lequel il aura demandé à continuer à servir.

27. Quelle que soit la date du rengagement, le nouveau service auquel s'obligera le rengagé ne comptera qu'à partir du jour où aura cessé le service auquel le militaire était tenu précédemment.

28. Tout militaire auquel il aura été délivré un congé définitif du service actif, ne sera plus admis à se rengager. Il ne pourra rentrer dans les rangs de l'armée qu'en contractant un acte d'engagement volontaire, conformément à la loi et au titre Ier de la présente ordonnance.

29. Aux termes de l'article 36 de la loi, les rengagements ne pouvant être reçus que pendant le cours de la dernière année de service due par le contractant, la haute paie journalière à laquelle ce même article donne droit ne sera allouée aux militaires qu'à l'expiration de cette dernière année, quel que soit le titre en vertu duquel ils sont liés au service (1).

Un décret de l'Assemblée nationale du 10 juillet 1848 a autorisé les engagements volontaires à l'âge de 17 ans.

LOI DU 26 AVRIL 1855

SUR LA DOTATION DE L'ARMÉE.

Titre Ier. — *De la dotation de l'armée.*

Art. 1er. — Une dotation est créée, dans l'intérêt de l'armée, sous la surveillance et la garantie de l'Etat.

La dotation de l'armée est formée par les prestations en argent que détermine la présente loi.

Elle peut recevoir des dons et des legs.

---

(1) Voir ci-après, chapitre des avantages de la carrière militaire.

La caisse de la dotation reçoit, à titre de dépôt, les versements volontaires qui lui sont faits par les militaires de tous grades, dans le cours de leur service.

Elle est gérée par l'administration de la caisse des dépôts et consignations, et constitue un service spécial, dont le budget et les comptes sont annexés à ceux du ministère de la guerre.

2. La dotation de l'armée pourvoit au paiement des allocations établies par la présente loi et aux dépenses prévues par l'art. 20.

3. Les excédants disponibles sur les recettes faites par la caisse de la dotation sont successivement employés en achats de rentes sur l'Etat.

Ces rentes sont inscrites au nom de la dotation de l'armée.

4. Une commission supérieure, composée de quinze membres nommés par l'Empereur, et dont les fonctions sont gratuites, surveille et contrôle toutes les opérations relatives à la dotation de l'armée.

Cette commission comprend au moins trois membres du Sénat, et trois députés au Corps législatif.

Elle présente, chaque année, à l'Empereur, un rapport sur la situation générale de la dotation.

TITRE II. — *De l'exonération du service.*

5. Les jeunes gens compris dans le contingent annuel obtiennent l'exonération du service, au moyen de prestations versées à la caisse de la dotation, et destinées à assurer leur remplacement dans l'armée, par la voie du rengagement d'anciens militaires.

6. Le taux de la prestation individuelle est fixé, chaque année, sur la proposition de la commission supérieure, par un arrêté du ministre de la guerre.

7. Les versements des prestations à la caisse de la dotation doivent être effectués dans les dix jours qui suivent la clôture des opérations des conseils de révision.

A l'expiration de ce délai, le conseil de révision, réuni au chef-lieu de département, prononce les exonérations, sur la présentation des récipissés de versement.

8. Les militaires sous les drapeaux peuvent être admis à l'exonération du service par le versement d'une prestation dont le taux est fixé conformément aux dispositions des art. 5 et 6.

L'exonération est prononcée, dans ce cas, par les conseils d'administration des corps auxquels sont présentés les récépissés de versement.

9. La caisse de la dotation est autorisée à recevoir, au nom des jeunes gens, avant l'appel de leur classe, des versements applicables à leur exonération ultérieure du service, s'il y a lieu.

10. Le mode de remplacement établi par la loi du 21 mars 1832 est supprimé, si ce n'est entre frères, beaux-frères et parents jusqu'au quatrième degré.

La substitution de numéro, autorisée par cette loi, est maintenue.

Titre III. — *Des rengagements.*

11. Les rengagements sont d'une durée de trois ans au moins et de sept ans au plus.

Ils ne peuvent être contractés que par les militaires qui accomplissent leur septième année de service, soit dans l'armée active, soit dans la réserve, ou par les engagés volontaires qui sont dans leur quatrième année de service (1).

Leur durée est réglée de manière que les militaires ne soient pas maintenus sous les drapeaux après l'âge de quarante-sept ans.

12. Le premier rengagement de sept ans donne droit :

1° A une somme de mille francs, dont cent francs payables le jour du rengagement ou de l'incorporation, deux cents francs, soit au jour du rengagement ou de l'incorporation, soit pendant le cours du service, sur l'avis du conseil d'administration du corps, et sept cents francs à la libération définitive du service;

2° A une haute paie de rengagement de dix centimes par jour.

Tout rengagement contracté pour moins de sept ans donne droit, jusqu'à quatorze ans de service:

(1) Voir la note page 34.

2

1° A une somme de cent francs par chaque année, payable à la libération du service;

2° A la haute paie du rengagement de dix centimes par jour.

Après quatorze ans de service, le rengagé n'a droit qu'à une haute paie de rengagement de vingt centimes.

13. L'engagement volontaire après libération, contracté dans les conditions prescrites par l'art. 11 et moins d'une année après cette libération (1), donne droit, suivant sa durée, aux avantages spécifiés par l'article précédent.

14. Sur la proposition de la commission supérieure, un arrêté du ministre de la guerre peut augmenter les allocations fixées par l'art. 12, autres que la haute paie.

15. En cas d'insuffisance du nombre des rengagements et des engagements volontaires après libération, comparé à celui des exonérations, des remplacements sont effectués par voie administrative. — Le prix de ces remplacements est à la charge de la dotation de l'armée. — Il est fixé, ainsi que le mode de paiement, par la commission supérieure, dans les formes indiquées à l'article précédent.

16. Les sous-officiers nommés officiers, ou appelés à l'un des emplois militaires qui leur sont dévolus en vertu des lois et règlements, ont droit, sur les sommes allouées pour rengagements, à une part proportionnelle à la durée du service qu'ils ont accompli.

17. Les dispositions de l'article précédent sont applicables aux militaires réformés et aux militaires passant dans un corps qui ne se recrute pas par la voie des appels.

Néanmoins, les sommes dues à ces derniers ne leur sont payées, en tout ou en partie, que sur l'avis du conseil d'administration du nouveau corps.

18. Les sommes attribuées par les art. 12 et 13 aux rengagés et aux engagés volontaires après libération, sont incessibles et insaisissables. En cas de mort, une part de ces sommes, proportionnelle à la durée du service, est dévolue aux héritiers et ayants cause des militaires.

En cas de déshérence, les sommes dues profitent à la dotation de l'armée.

(1) Aujourd'hui 2 ans. (*Loi du 24 juillet* 1860.)

Titre IV. — *Des pensions de retraite des sous-officiers, caporaux ou brigadiers et soldats.*

19. Le maximum et le minimum de la pension de retraite, fixés par la loi du 11 avril 1831, sont augmentés de cent soixante-cinq francs (165 fr.) pour les sous-officiers, caporaux, brigadiers et soldats.

Le droit à la pension de retraite par ancienneté est acquis à ces militaires à vingt-cinq ans accomplis de service effectif.

Toutes les autres dispositions de la loi du 11 avril 1831 sont maintenues.

20. Le surcroît de dépenses résultant de l'exécution de l'article précédent est prélevé sur l'actif de la dotation de l'armée, mais seulement en ce qui concerne les pensions des militaires des corps qui se recrutent par la voie des appels.

Titre V. — *Dispositions générales et transitoires.*

21. Les sous-officiers, caporaux, brigadiers et soldats qui sont actuellement sous les drapeaux, sont tenus, quels que soient leur âge et la durée de leurs services, d'accomplir le temps de leur engagement.

Les mêmes militaires qui, au jour de la promulgation de la loi, n'auraient pas encore vingt-cinq ans de service effectif, pourront être autorisés à se rengager, même quand ils seraient âgés de plus de quarante-sept ans.

22. Le règlement d'administration publique à intervenir concernant les mesures nécessaires à l'exécution de la présente loi, déterminera :

1° Les formes de demandes d'exonération et les conditions de leur admission ;

2° L'organisation de la caisse de la dotation de l'armée et de son service spécial ; le mode de remboursement et le taux de l'intérêt des sommes qui y seront déposées ; les conditions de paiement des sommes allouées aux rengagements, et les rapports financiers entre l'État, la caisse des dépôts et consignations, et la dotation de l'armée ;

3° Le modèle d'exécution de l'art. 9 relatif aux versements faits avant l'appel ;

4° Les formes et les conditions générales des remplacements, dans le cas prévu par l'art. 15.

23. La présente loi est exécutoire à partir du 1er janvier 1856.

Toutes dispositions contraires sont abrogées à partir de la même époque.

Néanmoins, les rengagements et engagements contractés dans les conditions de la présente loi, pendant l'année 1855, compteront pour l'exonération des jeunes gens compris dans le contingent de la classe de ladite année, et donneront droit, en conséquence, aux allocations réglées par les art. 12 et 13.

Il sera pourvu aux dépenses qui résulteront, en 1855, de l'application des dispositions du paragraphe précédent, à l'aide des avances qui pourront être faites à la dotation de l'armée par la caisse des dépôts et consignations. Ces avances seront remboursées, en 1886, sur le produit des versements des prestations pour exonération du service militaire.

Les dispositions de l'art. 19 de cette loi sont applicables aux pensions de retraite qui seront concédées en 1855, à partir de sa promulgation.

LOI DU 17 MARS 1858.

ARTICLE UNIQUE. — L'art. 10 de la loi du 26 avril 1855 est modifié ainsi qu'il suit :

Le mode de remplacement établi par la loi du 21 mars 1832 est supprimé, si ce n'est entre frères, beaux-frères et parents jusqu'au sixième degré.

La substitution de numéros autorisée par ladite loi ne pourra également avoir lieu qu'entre frères, beaux-frères et parents jusqu'au sixième degré, concourant au tirage de la même classe dans le même canton.

RECRUTEMENT.

CHAPITRE PREMIER.

Fixation du contingent. — Réserve. — Opérations préliminaires.

Il n'est assurément pas un pays au monde où le recrutement de l'armée offre aux familles les mêmes garanties qu'en France.

Ainsi, le contingent annuel est fixé par une loi.

La répartition du contingent entre les divers départements est fixée par un décret de l'Empereur.

La sous-répartition entre les cantons par un arrêté du préfet, *en conseil de préfecture*, et transmis aux maires par les sous-préfets.

L'époque des opérations préliminaires est fixée par un décret de l'Empereur.

Le recensement est fait par les maires, qui doivent non-seulement compulser les actes de l'état civil, mais encore s'aider des documents propres à les éclairer, tels que passe-ports, etc.

Les tableaux de recensement sont affichés par les soins des maires, qui usent, pour prévenir les intéressés, de tous les moyens de publicité usités, qui préviennent les jeunes gens et leurs familles qu'en cas d'omission sur les listes ils ne seraient pas pour cela libérés, qu'au contraire *leur libération serait retardée.*

Les motifs d'exemption et autres doivent être, autant que possible, consignés sur le tableau de recensement, où les maires doivent également consigner tous les renseignements utiles qu'ils auraient recueillis. Les jeunes gens sont avertis des pièces qu'ils auront à produire et des délais dans lesquels cette production devra se faire.

Les tableaux sont affichés, publiés également à son de trompe.

Le dimanche où la première publication devra avoir lieu est annoncé à son de trompe.

Ils restent affichés huit jours.

Tout le monde peut donc en prendre connaissance, les contrôler, y faire ses observations.

Ils sont ensuite adressés au sous-préfet, qui les examine, y fait ses observations, prend tous les renseignements propres à l'éclairer.

CHAPITRE II.

Tirage au sort.

Lors du tirage au sort, et avant d'y procéder, le sous-préfet donne une nouvelle lecture des tableaux de recensement vus, vérifiés et rectifiés s'il y a lieu ; on provoque les observations.

Les communes tirent d'abord pour savoir dans quel ordre se fera le tirage.

Les numéros sont comptés, vérifiés et présentés par les sous-préfets eux-mêmes.

Les jeunes gens prévenus de faire connaître les cas d'exemption qu'ils peuvent invoquer et des pièces à produire.

Et tout cela **publiquement**.

Le numéro tiré devant tout le monde, est proclamé *publiquement*.

Les listes du tirage sont ensuite *publiées* et *affichées*.

Un double est remis par le sous-préfet au maire, l'autre envoyé au préfet.

L'un et l'autre doivent contenir toutes les observations que les instructions recommandent d'y consigner, afin de mettre les familles à même de les contrôler.

Comme on le voit, les opérations préliminaires sont de nature à offrir aux familles les garanties les plus positives.

Les instructions recommandent de consigner sur les listes de recrutement et lors du tirage au sort, les observations des jeunes gens, et cela dans les termes mêmes employés par eux, que ces réclamations paraissent ou non fondées.

C'est souvent, en effet, un moyen plus efficace que tout autre de pouvoir se renseigner, et contrôler sur les lieux mêmes la valeur de ces observations, que plus tard il serait impossible d'apprécier convenablement.

Ces constatations ont surtout de l'importance lorsque les infirmités paraissent simulées ou résulter d'une mutilation volontaire.

OBSERVATION IMPORTANTE.

Les jeunes conscrits ont donc le plus grand intérêt à faire connaître lors du tirage au sort les infirmités qu'ils entendent invoquer comme cause d'*exemption*.

En effet, il est rare que la cause de l'exemption n'existe pas au moment du tirage au sort, etc. Les conseils de révision seront naturellement portés à suspecter la réalité de celles qui ne leur seraient indiquées que lors de la révision.

CHAPITRE III.

RÉVISION.

§ Ier. — *Composition. — Fonctionnement des conseils de révision.*

Quelque temps après le tirage, les jeunes gens sont examinés par un conseil qu'on nomme conseil de révision, qui est appelé par la loi à juger l'aptitude des hommes, les cas d'exemption et d'excuse qu'ils peuvent invoquer, etc.

Les conseils de révision, par leur composition et la manière dont ils fonctionnent, offrent aux familles toutes les garanties qu'elles peuvent désirer.

Ainsi, ils se composent du préfet, de l'officier général commandant le département, d'un conseiller de préfecture, d'un membre du conseil général et d'un conseiller de l'arrondissement.

Aux termes des circulaires ministérielles, les membres du conseil général et de l'arrondissement doivent, autant que possible, être appelés à siéger dans un canton autre que celui qu'ils représentent, pour leur épargner l'ennui et l'embarras des sollicitations.

Le chirurgien appelé à visiter les jeunes gens n'appartient pas ordinairement au régiment en garnison au chef-lieu du département où se fait la révision, il vient d'ailleurs, il n'y connaît personne, il y a plus, il n'est avisé de sa destination qu'au moment de partir.

Comment le prévenir? comment le tenter? cela est absolument impossible.

L'officier de recrutement et l'intendant militaire assistent au conseil sans en faire partie. Mais enfin ils voient tout ce qui s'y passe, comment on procède, ont le droit de faire leurs observations.

Les séances, d'ailleurs, sont publiques; elles se tiennent notamment en présence des officiers de police du canton, de la brigade de gendarmerie, d'une certaine quantité de conscrits, des pères de famille qui le désirent;

De tous les maires du canton auxquels il est recommandé d'y assister, et cela d'une manière d'autant plus expresse, qu'eux seuls sont le plus souvent en position d'éclairer, le conseil sur les divers cas d'exemption et de dispense invoqués par les jeunes gens de leur commune et du canton.

L'examen des jeunes gens se fait avec la plus stricte et rigoureuse attention. Chacun des membres du conseil cherche à s'éclairer, provoque les explications, etc.

Tout se passe donc *au grand jour* dans les conseils de révision, rien *qui ne puisse être apprécié par tout-le monde*. Et il suffit d'y avoir assisté une fois pour demeurer bien convaincu que la faveur n'y peut rien, car les droits de tous sont pesés avec une attention et une impartialité rigoureuses.

On ne saurait donc trop combattre et chercher à détruire ces fâcheux préjugés, généralement trop répandus dans les campagnes, qu'on peut, à l'aide de présents, corrompre les conseils de révision et obtenir ainsi frauduleusement l'exemption d'un conscrit.

Qu'on y réfléchisse sérieusement, et on reconnaîtra sans peine que cela est absolument impossible.

En effet, le conseil de révision se composant de cinq membres, il faudrait nécessairement en corrompre au moins trois.

Auxquels s'adresserait-on? Et d'abord, avant toute autre considération, il faut bien croire que chacun des membres du conseil de révision a assez la conscience de sa position, le sentiment de ses devoirs pour ne pas vouloir manquer à la délicatesse, et encore moins pour commettre un acte qualifié crime par les lois, et s'exposer ainsi aux conséquences qu'il entraînerait contre eux, contre leurs familles.

Mais supposons qu'un des membres du conseil de révision voulût s'exposer à cela!

Ce ne serait pas assez; il en faudrait trois.

Auxquels s'adresserait-on?

Au préfet, au général? mais ils joueraient leur position. Quelle somme leur offrirait-on donc? naturellement une somme bien supérieure au prix de l'exonération. — Alors, à quoi bon?

Au conseiller de préfecture?

Mais, aujourd'hui, c'est l'un, et demain ce peut être l'autre; et d'ailleurs, si c'était connu, il perdrait son avenir.

Au conseiller général? mais, outre qu'il n'est désigné que peu de jours à l'avance, que cette indication n'est pas affichée, il demeure le plus souvent à l'extrémité du département; qui donc osera aller l'aborder?

Il y a plus : il peut se trouver malade et dans la nécessité de se faire remplacer par un collègue. Alors ce qu'on lui aurait donné serait perdu, à moins qu'on ne suppose qu'il ne s'entende lui-même avec le collègue qui le remplacera; or, il est impossible de le connaître à l'avance.

On peut en dire tout autant du conseiller d'arrondissement.

Enfin, on ne saurait trop le répéter, cet acte constituerait un crime prévu par la loi, et qui entraînerait contre l'auteur la perte de ses fonctions, l'amende, l'interdiction de fonctions publiques pendant un certain temps, la dégradation civique, etc.; qui l'exposerait, de la part de la partie lésée, à une action en dommages-intérêts, etc.

D'ailleurs, quel est donc celui d'entre vous, pauvres gens trop crédules, qui, ayant l'intention de commettre un crime ou un délit, oserait aller choisir comme complice celui qui, par sa position, serait chargé d'en poursuivre la répression?

Vous vous en garderiez assurément tous bien. Et pourtant les conseils de révision doivent, aux termes des lois et règlements sur la matière, provoquer la poursuite de tous les délits commis au cours de leurs visites, et ils n'y manquent assurément jamais. Vous n'iriez pas, bien sûr, proposer à votre maire, au garde champêtre, de partager avec vous le fruit d'un vol que vous voudriez commettre?

Et pourtant ce serait la même chose!...

Que les pères de famille soient donc bien convaincus que tout se passe dans les conseils de révision avec la plus rigoureuse impartialité, avec le désir de rendre justice à tous. D'ailleurs, ne n'oublions pas, tout se fait en public, chacun peut apprécier.

Et cependant, chaque année à la révision, les sollicitations abondent, et souvent il arrive qu'après la séance l'un des membres reçoive des remercîments pour avoir participé à l'exemption d'un individu qu'il ne connaît pas, auquel il ne songeait pas assurément. Nos lecteurs ne seront pas fâchés, nous en sommes convaincu, de voir un échantillon des suppliques que reçoivent quelquefois les personnes qui sont, par leur position, leurs rapports avec l'administration, supposées avoir plus ou moins d'influence.

En voici un dont nous pouvons garantir l'authenticité.

Monsieur,

Depuis vingt ans que j'ai l'honneur de vous connaître, vous avez toujours paru à mes yeux une personne d'un grand respect, et nos relations ont prouvé les sentiments d'estime que j'ai toujours témoignés pour vous.

Votre élévation de . . . . . (on indique ici les fonctions de la personne), a prouvé le mérite et la confiance que vous avez inspirés au premier magistrat de l'empire.

Ainsi, monsieur, à qui pourrai-je mieux m'adresser, si ce n'est à votre élévation et à votre bonté pour protéger mon fils qui a amené le n° 18 au dernier tirage du canton de...

Une parole de votre part à monsieur le préfet peut faire beaucoup à la révision de mon fils qui doit avoir lieu le...

J'habite la France depuis 40 ans, mon fils est né à...
que j'ai toujours habité depuis 25 ans.

Si mon fils était exempt comme fils d'étranger, je ne voudrais pas qu'il soit regardé comme réfractaire à la loi, d'autant plus que je suis natif de la Savoie, qui doit être réunie à la France. Je vous prie, donc, monsieur, d'avoir égard à mon fils, qui a eu le malheur de tomber au sort par son n° 18, et ma reconnaissance sera *éternel*, et je *tiédrai* ma parole de ce que je vous *a* dit chez vous il y a peu de temps.

Agréez, monsieur, etc.

A   , le...

Veuillez donc, monsieur, me dire s'il fallait quelques pièces nécessaires pour justifier que je suis natif de la Savoie, je tâcherai de vous les trouver pour le jour de la révision, qui doit avoir lieu le 5 juillet.

Mon fils a toujours eu mal aux dents pendant sa jeunesse jusqu'à seize ans.

§ II. — Attributions des conseils de révision.

Les attributions des conseils de révision consistent à juger :

1° Les réclamations auxquelles les opérations préliminaires auraient pu donner lieu ;

2° Les causes d'exemption établies par les lois ;

3° Les causes de déduction et de dispense ;

4° Les substitutions de numéros, les demandes de remplacement et les exonérations.

Les décisions des conseils de révision sont définitives et elles ne peuvent être attaquées que pour incompétence et excès de pouvoir.

Les conseils de révision sont également appelés à apprécier les droits de ceux qui se présentent comme soutiens de famille.

Leur décision est définitive au moment où elle est prononcée par le président.

Le conseil de révision ne peut rayer les hommes qui se trouvent sur la liste du tirage ou du contingent pour les obliger à concourir au tirage de l'année suivante.

Ainsi le jeune homme qui aurait été porté par erreur sur les listes une année avant celle où il eût dû y être porté et qui aurait été exempté par son numéro, est définitivement libéré du service militaire.

§ III. — *Des questions que les conseils de révision ne peuvent juger.*

S'il s'élève devant les conseils de révision des questions d'état, de nationalité et autres qui ne soient pas de leur compétence, ils ne devront admettre les jeunes gens qu'elles intéresseront que conditionnellement et leur indiquer provisoirement des suppléants. (Voir ci-après, page 55.)

Il est évident que si la question n'était pas sérieuse, qu'elle n'eût pour but évident que de temporiser, les conseils ne devraient pas s'y arrêter. Mais lorsqu'elle est sérieuse, elle est renvoyée devant les tribunaux civils pour y être discutée contradictoirement entre le préfet et les jeunes gens qu'elle concernera.

Toutefois les tribunaux ne sont compétents que pour statuer sur les questions relatives à l'état et aux droits civils des parties; ils ne doivent prononcer, comme conséquence de leur décision, ni la libération ni l'admission des jeunes gens. C'est aux conseils de révision seuls à appliquer les conséquences des décisions rendues sur ces matières par les tribunaux civils.

§ IV. — *De l'importance pour les jeunes gens de se faire toujours visiter.*

Il arrive quelquefois que des jeunes gens qui sont dans un cas d'exemption légale ne croient pas devoir se faire visiter. C'est une faute grave ; aussi les conseils de révision doivent-ils insister.

En effet, il arrive souvent que l'individu, dans cette position, ait des droits à l'exemption pour faiblesse de tempérament, ou vice de constitution, et alors le bénéfice de l'exemption légale doit profiter au frère qui vient après lui ; il y a plus, tous les jours il arrive qu'on découvre chez des jeunes gens qui ne veulent pas se faire visiter, des infirmités dont, ni leurs familles ni eux ne soupçonnaient l'existence.

§ V. — *Des ajournements.*

Le conseil est seul juge souverain du mode de vérification qu'il doit employer.

Il peut, sur des pièces produites et sur la notoriété publique (mais lorsque ces pièces et la notoriété ne lui laissent aucune incertitude), *constater* l'inaptitude des absents et prononcer leur libération ; s'il éprouve le moindre doute, il peut ajourner.

Il peut également ajourner : 1° ceux auxquels il croit devoir accorder un délai pour production de pièces ;

2° Ceux qui réclament leur exemption pour infirmités qu'il serait possible de simuler, et qu'on ne peut apprécier qu'avec le temps et au moyen d'investigations scrupuleuses;

3° Les absents s'il le juge utile.

Le conseil de révision doit ajourner :

1° Les jeunes gens qui soulèvent des questions judiciaires relatives à leur état et à leurs droits civils;

2° Les jeunes gens déférés aux tribunaux comme prévenus de s'être rendus ou tenté de se rendre volontairement impropres au service.

§ VI. — *De la tenue des jeunes gens devant le conseil de révision.*

Les jeunes gens doivent se présenter au conseil de révision dans un état de propreté convenable, et les maires de leurs communes doivent le leur recommander.

L'état de malpropreté dans lequel beaucoup de jeunes gens se présentent à son examen, outre ce qu'il a d'irrespectueux, peut nuire à leurs intérêts par le dégoût et la sévérité qu'ils inspirent aux membres du conseil. Il y a plus, une saleté excessive de la peau peut quelquefois dissimuler des infirmités réelles, dont le conscrit ne se doute même pas.

Ainsi, au conseil de révision de la Sarthe (1860), un nommé Drouet, de Fresnay, se présente dans un état de malpropreté excessive, il se prétend atteint d'une maladie de la peau. Le médecin ne put en reconnaître aucun symptôme, parce que l'état de saleté dans lequel il se présentait ne le permettait pas. Il fut déclaré propre au service.

Mais à la revue de départ, on reconnut qu'il était atteint d'une *ichthyose*, et il fut réformé.

§ VII. — *Des justifications à faire au conseil.*

« Aux termes de l'article 16 de la loi du 21 mars
« 1852, les cas d'exemption et de déduction autres que
« pour défaut de taille ou infirmité, sont jugés sur les
« productions de documents, ou à défaut de documents
« sur des certificats signés de trois pères de famille,
« domiciliés dans le même canton, dont les fils sont
« soumis à l'appel ou ont été appelés; ces certificats
« devront être signés ou approuvés par le maire de la
« commune du déclarant. »   (Voir aux formules.)

§ VIII. — *Par qui doivent être faites les justifications.*

C'est en général aux familles à faire toutes les diligences nécessaires pour obtenir les pièces justificatives. Si les administrations locales s'en chargent, c'est par pure bienveillance, et sans qu'il en résulte responsabilité pour elles ou leurs agents.

§ IX. — *A qui doit-on s'adresser pour obtenir le certificat de présence d'un frère au service, ou l'acte de décès d'un frère mort sous les drapeaux.*

Les instructions, et notamment celle du 30 novembre 1860, recommandent aux maires de rappeler dès la formation des tableaux de recrutement aux jeunes gens qui sont dans le cas de réclamer l'exemption comme ayant un frère au service ou mort sous les drapeaux, de réclamer sans retard les certificats nécessaires pour faire valoir leurs droits.

Cette invitation doit être réitérée par les préfets et sous-préfets lors du tirage.

S'il s'agit d'*un frère sous les drapeaux*, c'est au conseil d'administration qu'il faut s'adresser.

S'il s'agit d'*un frère mort au service de l'armée de terre*, il faut distinguer ; —

Ainsi, lorsque le décès a eu lieu dans l'année à laquelle appartient la classe, c'est au conseil d'administration qu'il faut s'adresser.

S'il est antérieur, c'est au maire de la commune où le militaire était domicilié avant son entrée au service, et dans le cas où le décès n'aurait pas encore été transcrit sur les registres de la commune, au ministre de la guerre.

Pour les hommes non encore appelés à l'activité ou renvoyés par anticipation dans leurs foyers, c'est aux commandants des dépôts de recrutement qu'il faut s'adresser pour obtenir le certificat constatant leur inscription sur les contrôles de la réserve.

Pour les hommes de l'armée de mer, il faut recourir à l'intervention des préfets, qui s'adressent directement au ministre de la marine.

A l'aide des renseignements qu'il reçoit, le préfet écrit officieusement aux conseils d'administration, mais cette demande étant toute d'obligeance, elle n'engage pas sa responsabilité. Il est important que les maires en instruisent les familles.

Les extraits d'actes de l'état civil que les jeunes gens ont à produire soit pour leur inscription sur les tableaux de recensement, soit pour établir devant les conseils de révision leurs droits à l'exemption ou à la dispense, sont affranchis du droit de timbre, et doivent être délivrés sans frais. A cet effet, *ils peuvent être légalisés par les préfets et les sous-préfets.*

§ X. — *Du danger de ne pas envoyer les pièces en temps utile ou d'envoyer des pièces irrégulières. — Dommages-intérêts en cas de retard.*

Les décisions des conseils de révision étant définitives et souveraines, sans qu'elles puissent être réformées par voie d'opposition ou appel, si ce n'est pour incompétence ou excès de pouvoir, il importe beaucoup de ne rien négliger pour que les pièces destinées à éclairer leur religion leur soient remises en temps utile.

En conséquence, tout maire, fonctionnaire ou mandataire chargé à temps d'envoyer au conseil de révision des pièces de nature à faire exempter un jeune conscrit, et qui ne l'aura pas fait en temps utile, ou qui n'aura envoyé que des pièces irrégulières, est passible de dommages-intérêts, aux termes des articles 1382 et 1383 du Code Napoléon.

On ne saurait trop recommander à MM. les maires de ne se charger d'envoyer que les pièces officielles, puisqu'en promettant, même à titre officieux, d'en envoyer d'autres, ils acceptent, tacitement du moins, toutes les obligations d'un mandataire, et doivent en subir les conséquences.

§ XI. — *Les maires doivent assister aux conseils de révision.*

Les maires doivent assister aux conseils de révision des cantons dont leurs communes font partie. Plus que personne, en effet, ils sont à même de fournir au conseil des renseignements sur le mérite et la valeur des divers motifs d'exemption qui lui sont soumis, etc.

Nous n'avons pas besoin d'ajouter que les parents des jeunes conscrits, non-seulement ont le droit d'assister aux conseils de révision, mais encore qu'ils sont invités à s'y trouver. Non-seulement ils pourront fournir des indications utiles, mais encore ils seront à même d'apprécier la sévère impartialité qui préside aux décisions.

§ XII. — *Des délais pour se présenter au conseil de révision lorsqu'un jeune homme a été ajourné.*

Le délai pour comparaître devant le conseil de révision ou fournir les pièces justificatives, est de vingt jours à partir du jour de la notification, conformément à l'article 1033 du Code de procédure. Ce délai expiré sans qu'il ait été satisfait à la loi, les jeunes gens sont déclarés propres au service, et cette décision est définitive.

Lorsqu'il résulte de renseignements précis, fournis par les maires, que les jeunes gens absents sont propres au service, les conseils de révision peuvent refuser d'accorder des délais, et les admettre.

Ceux auxquels il aura été accordé un délai sont provisoirement suppléés.

§ XIII. — *Des moyens de se pourvoir contre les erreurs de la révision.*

Nous avons vu que les décisions des conseils de révision étaient définitives; toutefois, aux termes d'une circulaire ministérielle, ceux qui auraient été compris dans le contingent, et qui soit par erreur, soit par une fausse interprétation de la loi, se trouveraient incorporés, peuvent, par décision spéciale du ministre de la guerre, être renvoyés dans leurs foyers porteurs d'un titre spécial.

Mais ces militaires étant considérés comme libérés, ne confèrent pas l'exemption.

CHAPITRE IV.

DES CERTIFICATS.

De l'inutilité de produire devant les conseils de révision des certificats qui ne sont pas prescrits ou prévus par les règlements.

En général, on est imbu dans les campagnes de cette idée que la production des certificats de médecins ou autres, constatant que le jeune conscrit est atteint de telle ou telle maladie peut produire un bon résultat.

C'est une grave erreur.

On ne doit produire devant le conseil que les certificats officiels prévus par la loi, et dont les règlements ont déterminé la forme.

Ainsi, la production de tous autres certificats est complétement inutile ; ils ne doivent pas être lus.

Le conseil, on le comprend, ne peut s'arrêter à des attestations qui sont sans doute parfois consciencieuses, mais qui souvent aussi sont le résultat de l'importunité de ceux qui les demandent.

Le conseil doit *voir par lui-même* et ne juger que *par ce qu'il voit.*

S'il juge une enquête nécessaire, il y fait procéder par une personne qui possède sa confiance, mais il ne doit s'arrêter ni à des attestations, ni à des certificats pris en dehors de la loi.

Il est d'ailleurs éclairé par le chirurgien qui l'assiste, et les jeunes gens peuvent lui signaler aussi ce qu'ils croient des signes d'exemption; il les examine et les apprécie. Le conseil juge.

Nous ne saurions trop le répéter, la production de ces sortes de certificats ne sert à rien; elle est même très-dangereuse, car elle peut avoir pour résultat d'indisposer le conseil de révision et de le rendre plus sévère dans son appréciation.

Si le médecin, dont l'attention doit être provoquée par la production de cette pièce extralégale, reconnaissait qu'elle a été obtenue par des moyens frauduleux, il ne doit pas hésiter à le signaler au conseil.

Certificats officiels divers, par qui ils doivent être délivrés.

Les pères de famille sont souvent fort embarrassés, et ne savent à qui s'adresser pour obtenir les certificats dont ils ont besoin. Les maires eux-mêmes ne savent pas le plus souvent quelles sont à cet égard leurs attributions.

Nous croyons donc rendre un service aux familles en leur indiquant à qui elles doivent s'adresser.

1° Certificats qui doivent être délivrés par les préfets.

Les certificats à délivrer par les préfets sont ceux ci-après :
1° Certificat de libération de service ;
2° Certificat constatant, sous le rapport du recrutement, la position d'un jeune homme qui désire s'exonérer du service ;

3° Certificat constatant qu'un jeune homme a été exonéré du service, conformément à l'article 7 de la loi du 26 avril 1855 ;

4° Certificat constatant les droits d'un jeune homme qui réclame l'exemption comme frère d'un inscrit maritime disposé ou déduit du contingent.

2° Certificats qui doivent être délivrés par les sous-préfets.

Le certificat de libération peut être délivré par les sous-préfets; mais la signature de ces derniers doit être légalisée par le préfet. Le sous-préfet vise le certificat de bonnes vie et mœurs délivré à ceux qui en font la demande pour remplacer; il vise et vérifie les certificats de position de famille de ceux qui demandent à être maintenus dans leurs foyers comme soutiens indispensables de famille.

3° Certificats qui doivent être délivrés ou visés par les maires.

Les maires délivrent les certificats de bonnes vie et mœurs :

1° Aux hommes qui veulent s'engager volontairement (modèle n° 24);

2° A ceux qui désirent se faire admettre comme remplaçants de leurs parents;

3° Aux militaires en congé temporaire ou illimité, qu'ils aient ou n'aient pas servi.

Ces certificats sont délivrés par les maires aux individus qui leur en font la demande, lorsqu'ils se sont bien assurés de l'identité de ces individus, et qu'ils ont recueilli les preuves et témoignages qu'ils jugent convenables pour arriver à la connaissance des faits consignés dans ledit certificat. A Paris, ce sont les commissaires de police qui délivrent ces certificats, qui sont ensuite échangés à la préfecture de police.

Si l'homme qui a besoin de ce certificat s'engage dans le département où il a son domicile légal, la légalisation de la signature du maire par le sous-préfet, et celle du sous-préfet par le préfet, ne sont pas indispensables. (Inst. du 25 juin 1834. — Circ. du ministre de l'intérieur du 30 décembre 1854.)

Les maires approuvent, *à peine de nullité*, les certificats de trois pères de famille, domiciliés dans le canton, pour établir les droits d'un jeune homme réclamant l'exemption comme :

1º Aîné d'orphelins de père et mère. (Modèle nº 25.)

2º Fils unique ou aîné d'une femme actuellement veuve. (Modèle nº 26.)

3º Petit-fils unique ou aîné des petits-fils d'une femme actuellement veuve. (Modèle nº 27.)

4º Fils unique ou fils aîné d'un père aveugle. (Modèle nº 28.)

5º Petit-fils unique ou l'aîné des petits-fils d'un père aveugle. (Modèle nº 29.)

6º Fils unique ou l'aîné des fils d'un père entré dans sa soixante-dixième année. (Modèle nº 30.)

7º Petit-fils unique ou l'aîné des petits-fils d'un père entré dans sa soixante-dixième année. (Modèle nº 31.)

8º Puîné d'orphelins de père et de mère. (Modèle nº 32.)

9º Fils puîné d'une femme actuellement veuve. (Modèle nº 33.)

10º Petit-fils puîné d'une femme actuellement veuve. (Modèle nº 34.)

11º Fils puîné d'un père aveugle ou entré dans sa soixante-dixième année. (Modèle nº 35.)

12º Le plus âgé de deux frères appelés à faire partie du même tirage, et désignés tous deux par le sort. (Modèle nº 36.)

13º Frère sous les drapeaux. (Modèle nº 37.)

14º Frère d'un militaire mort en activité de service, ou réformé, ou admis à la retraite pour blessures reçues dans un service commandé, ou infirmités contractées dans les armées de terre ou de mer. (Modèle nº 38.)

15º Petit-fils puîné d'un père aveugle ou entré dans sa soixante-dixième année. (Modèle nº 30.)

Les maires doivent, dans l'intérêt de leurs administrés, veiller à ce qu'il soit apporté le plus grand soin dans la rédaction des certificats de trois pères de famille, et s'assurer qu'ils relatent d'une manière exacte la position de famille du réclamant sous le rapport du recrutement. Pour prévenir toutes réclamations ultérieures, réclamations qui, dans tous les cas, seraient inadmissibles, les maires, avant d'approuver ces certificats, en donnent lecture aux parties intéressées, et celles ci doivent y apposer leur signature en même temps que les trois pères de famille. (Inst. du 18 mai 1840, nᵒˢ 56, 57.)

CHAPITRE V.

Des mutilations. — Pénalité.

Aux termes des lois sur la matière, les jeunes gens appelés à faire partie du contingent de leur classe qui seront prévenus de s'être rendus ou ont tenté de se rendre impropres au service militaire, soit temporairement, soit d'une manière permanente, dans le but de se soustraire aux obligations imposées par la loi, seront déférés aux tribunaux, et s'ils sont reconnus coupables, ils seront condamnés à un emprisonnement d'un mois à un an.

Si les complices sont médecins, pharmaciens ou officiers de santé, la durée de l'emprisonnement sera de deux mois à deux ans, indépendamment d'une amende de 200 fr. à 1,000 fr., sans préjudice de peines plus graves qui pourraient être prononcées.

§ Iᵉʳ. — *Ceux qui se sont mutilés ne peuvent être admis au bénéfice de l'exonération.*

Indépendamment des peines prévues par la loi, ceux qui se sont rendus ou ont tenté de se rendre impropres au service militaire ne peuvent être admis au bénéfice de l'exonération.

Ainsi, sur la demande du préfet de la Sarthe, Son Excellence le ministre de la guerre a, par dépêche en date du 9 novembre 1859, décidé qu'un individu convaincu de s'être mutilé dans le but de se rendre impropre au service, ne devait pas être admis au bénéfice de l'exonération.

§ II. — *Poursuites exercées contre certains individus qui se sont mutilés.*

Comment peut-on espérer dissimuler auprès du conseil de révision des infirmités factices?

Tous les jeunes gens appelés devant le conseil de révision appartiennent au même canton.

Ils se connaissent assez ordinairement tous. Ils se connaissent, dans tous les cas, entre jeunes gens de la même commune.

Ils sont connus, sinon de tous les maires du canton, au moins de plusieurs; dans tous les cas, du maire de leur commune.

Les uns ont intérêt à signaler la fraude; c'est un devoir pour les autres de le faire.

Il est donc impossible d'échapper aux conséquences qu'elle entraîne.

Tous les ans on en voit la preuve; nous pouvons en citer plusieurs exemples qui sont à notre connaissance personnelle.

Ainsi, le 25 mai 1860, le conseil de révision de la Sarthe, siégeant à la Ferté-Bernard, a cru reconnaître que le sieur Louis-Henri-Victor *Bruneau* avait usé de moyens frauduleux pour simuler une *hydrocèle,* il l'a interpellé à l'effet de parvenir à la découverte de la vérité.

Bruneau a reconnu le fait, et déclaré avoir été poussé par le sieur Liberge, cultivateur à Saint-Aubin-des-Coudrais, à se faire piquer aux parties par une mouche à miel; que toutes les indications lui avaient été fournies par le sieur Liberge, et que l'opération avait eu lieu la veille du conseil de révision. Bruneau a été déclaré propre au service, et Liberge arrêté.

L'un et l'autre ont été mis à la disposition de la justice.

Par jugement du tribunal correctionnel de Mamers, en date du 13 juin 1860, ils ont été condamnés, savoir :

Bruneau à un mois de prison.

Liberge à huit jours de là même peine.

Le 19 juin 1860, se présente devant le conseil de révision de la Sarthe, siégeant au Mans,

Le sieur Joackim Legouas, de la commune de Chauffour, 3ᵉ canton du Mans.

Il signale comme cause d'exemption des taches qu'il portait à diverses parties du corps.

Le conseil constate que Legouas portait à la *poitrine*, sur le *bras*, au *bas-ventre*, sur les *hunches*, sur les *jambes*, des tatouages de forme ronde, destinés à produire des plaies sur tout le corps.

Immédiatement la fraude est reconnue. Legouas, interrogé par les membres du conseil, prétend que l'infirmité est réelle, qu'un de ses parents a la même maladie.

Le père est introduit, et sur les interpellations pressantes du conseil, il finit par déclarer que ces tatouages provenaient de l'application faite depuis quinze jours d'une plante qui lui avait été indiquée par le sieur Pichon, affranchisseur à Assé-le-Riboul, qui en avait fait lui-même l'application ;

Que Pichon lui avait été indiqué par un sieur Husset, maréchal, comme ayant fait exempter déjà un grand nombre de jeunes gens.

Pichon percevait une prime énorme.

Traduits l'un et l'autre devant le tribunal de police correctionnelle du Mans, ils ont été condamnés, savoir: Legouas en un mois d'emprisonnement, et Pichon en six mois de la même peine.

Le 5 du même mois, le sieur Richard, ouvrier charpentier, se présente devant le conseil de révision de la Sarthe, siégeant à Mayet. Il invoque comme cas d'exemption un gonflement aux parties sexuelles simulant une maladie du scrotum.

Le conseil ne tarde pas à reconnaître la fraude. Richard est traduit en police correctionnelle et condamné par le tribunal de la Flèche à huit jours d'emprisonnement.

L'année précédente, le même conseil, siégeant au Lude, dresse procès-verbal contre un nommé Laroche, de la Chapelle-aux-Choux, canton du Lude, à raison d'une mutilation du doigt.

Traduit à raison de ce fait devant le tribunal de police correctionnelle de la Flèche, Laroche a été condamné, le 25 mai 1859, à deux mois d'emprisonnement.

Mais Laroche était riche, et voulait se faire exonérer.
Le ministre de la guerre, auquel la question a été
soumise, a répondu, par sa dépêche en date du 7 juin
1859, *que tout individu condamné correctionnellement
pour mutilation ne pouvait être admis au bénéfice de
l'exonération.*

Pauvres gens, vous croyez encore à ces empiriques!
Vous les hébergez, vous les payez! comment pouvez-
vous vous arrêter un instant à l'idée que ces intrigants
de bas étage sont en relations, comme ils vous le font
supposer, avec les membres des conseils de révision?
qu'ils connaissent assez les ressources de la médecine
pour tromper des gens qui, toute leur vie, en ont fait
une étude spéciale et l'ont pratiquée? Si vous y réfléchissiez un peu, vous reconnaîtriez vite que cela est
absolument impossible.

Vous êtes tout bonnement victimes d'une escroquerie, complices d'un délit; vous cherchez déloyalement à tromper vos voisins, vos amis, aussi êtes-vous
traduits en police correctionnelle, et votre nom est
inscrit dans un petit livre comme celui-ci.

Réfléchissez à tout cela, croyez-moi, quand on viendra vous faire des propositions de cette nature, et vous
repousserez honteusement ceux qui vous les adresseront!...

§ III. — *Des dommages-intérêts auxquels s'expose celui qui trompe le conseil de révision et obtient ainsi frauduleusement une exemption. — Recours contre ceux qui auraient facilité directement ou indirectement la fraude.*

Nous avons vu, page 61, les dispositions pénales édictées par la loi contre tous ceux qui chercheraient à se soustraire, soit en se mutilant, soit par quelques moyens frauduleux, aux charges du recrutement, notamment les dispositions de la loi du 21 mars 1832.

Mais ce n'est pas tout.

En effet, aux termes de l'article 1382 du Code Napoléon, tout fait de l'homme qui cause préjudice à autrui, oblige celui par la faute duquel il est arrivé à le réparer.

A plus forte raison, en cas de fraude. Ainsi, si par des moyens frauduleux un père de famille réussit à tromper les conseils de révision et fait exempter son fils, ils sont l'un et l'autre passibles de dommages-intérêts envers celui qui est parti à la place de l'exempté, et qui ne serait pas parti sans la fraude.

Si le conseil, par suite d'une attestation fausse ou erronée de la part d'un fonctionnaire chargé de la délivrer, ou de toute autre personne, prononçait une exemption imméritée, l'auteur de l'erreur pourrait, comme celui qui l'aurait provoquée et en aurait profité, être poursuivi et condamné à des dommages-intérêts au profit de celui qui en aurait été victime.

On ne saurait donc apporter trop de soin à vérifier la vérité des faits qu'on atteste.

CHAPITRE VI.

DES ENFANTS NATURELS.

Les enfants naturels *reconnus* participent comme s'ils étaient légitimes au bénéfice de certaines exemptions, notamment dans les cas déterminés par les paragraphes 3, 4, 5, 6 et 7 de l'article 13 de la loi du 21 mars 1832.

Mais pour que la reconnaissance produise effet, il faut qu'elle soit régulière, c'est-à-dire qu'elle soit faite par acte authentique, si elle n'a pas été faite dans l'acte de naissance. — Il faut que la reconnaissance, pour produire un effet légal en matière de conscription, soit faite avant la révision. L'enfant naturel n'ayant pas d'autre titre légal de sa filiation que la reconnaissance. —Elle ne produit d'effet que vis-à-vis du père ou de la mère qui l'ont faite.

Une reconnaissance d'enfant naturel peut être faite après son décès, notamment s'il est mort sous les drapeaux, dans le but unique de procurer l'exemption à un frère naturel puîné, également reconnu.

L'enfant naturel reconnu par sa mère non mariée, ne peut profiter de l'exemption accordée par la loi à un fils de veuve, celle-ci ne pouvant être assimilée à une veuve; qu'elle ait eu l'enfant avant son mariage ou depuis son veuvage, la loi ne distingue pas.

Lors même qu'il aurait été reconnu tout à la fois par son père et par sa mère *non mariés*.

Mais l'enfant naturel reconnu, d'une femme veuve, peut profiter du bénéfice de l'exemption accordée par la loi au fils aîné de veuve, qu'il ait été reconnu avant ou depuis le veuvage.

Il en est de même d'un fils naturel reconnu d'un père aveugle ou septuagénaire.

L'aîné d'enfants naturels reconnus seulement par leur mère, et qui ne peuvent justifier que du décès de celle-ci, ne saurait être considéré comme aîné d'orphelins de père et de mère, et participer au bénéfice de l'exemption prévue par le § 3 de l'article 13 de la loi du 25 mars 1832, puisque le père peut exister, le reconnaître, et qu'ainsi il ne se trouverait pas dans le cas prévu par la loi.

Observation importante.

Il arrive souvent que des mères, qui concourent rarement à l'acte de naissance de leurs enfants naturels, les élèvent néanmoins comme tels, les traitent comme tels devant le monde, bien convaincues que la reconnaissance est régulière et suffisante.

C'est là une grave erreur; la possession d'état ne constitue pas la reconnaissance, qui n'est valable qu'autant qu'elle est authentique, et, comme on l'a vu, antérieure à la révision.

CHAPITRE VII.

DES DISPENSES.

§ 1er. — *Ce qu'on entend par dispenses, à qui elles s'appliquent.*

La dispense du service militaire est une faveur spéciale accordée par la loi, soit à raison de la carrière suivie par l'individu qui en est l'objet, soit à raison de toute autre circonstance déterminée. Ainsi, aux termes de l'art. 14 de la loi du 21 mars 1832, sont considérés comme ayant satisfait à l'appel et comptés numériquement en déduction du contingent à former, les jeunes gens désignés par leur numéro pour faire partie dudit contingent qui se trouveront dans l'un des cas suivants :

1° Ceux qui seraient déjà liés au service, dans les armées de terre ou de mer, en vertu d'un engagement volontaire, d'un brevet ou d'une commission, sous la condition qu'ils seront, dans tous les cas, tenus d'accomplir le temps de service prescrit par la présente loi ;

2° Les jeunes marins portés sur les registres matricules de l'inscription maritime, conformément aux règles prescrites par les art. 1, 2, 3, 4 et 5 de la loi du 25 octobre 1795 (3 brumaire an IV), et les charpentiers de navires, perceurs, voiliers et calfats immatriculés, conformément à l'art. 44 de ladite loi ;

3° Ceux qui, étant membres de l'instruction publique, auraient contracté, avant l'époque déterminée pour le tirage au sort, et devant le conseil de l'Université, l'engagement de se vouer à la carrière de l'enseignement.

A cette nomenclature il faut ajouter :

Les chirurgiens et pharmaciens militaires, ainsi que les élèves commissionnés ;

Les officiers d'administration des hôpitaux ;

Les employés commissionnés faisant partie des cadres entretenus de l'habillement et du campement, des subsistances militaires et des bureaux de l'intendance ;

Les élèves de l'école spéciale de Saint-Cyr;

Les élèves *militaires* de l'école vétérinaire d'Alfort ;

Les marins et ouvriers maritimes qui justifient de ces qualités par un certificat de l'officier d'administration chargé de l'inscription maritime ;

Les officiers et agents des services administratifs de l'armée de mer, y compris les commis entretenus pourvus d'un brevet ou d'une commission ;

Le personnel de la justice militaire ;

Les gardes du génie, *s'ils sont liés par un engagement volontaire;*

Les élèves de l'École polytechnique, à la condition qu'ils passeront, soit dans ladite École, soit dans les services publics, un temps égal à celui fixé par la loi pour le service militaire.

Les élèves de l'École normale centrale de Paris, et ceux de l'école dite *de jeunes de langues,* et les professeurs des institutions impériales des *sourds-muets* qui ont contracté avant l'époque déterminée pour le tirage au sort, devant le conseil de l'Université, l'engagement de se vouer à la carrière de l'enseignement;

Les *instituteurs adjoints* des écoles publiques; les jeunes gens qui se préparent à l'*enseignement primaire* public dans des *écoles désignées* à cet effet ; les *membres ou novices* des associations vouées à l'*enseignement et autorisées par la loi* ou reconnues comme *établissements d'utilité publique;* les élèves de l'*Ecole normale supérieure;* les maîtres d'étude, régents et professeurs des lycées et colléges, s'ils ont, ayant l'âge fixé pour le tirage, contracté l'obligation de se vouer pendant 10 ans à l'enseignement public, et s'ils réalisent cet engagement.

Les élèves des *grands séminaires*, régulièrement autorisés à continuer leurs études ecclésiastiques ; les jeunes gens autorisés à continuer leurs études pour se vouer au ministère *dans les autres cultes salariés par l'Etat*, sous les conditions, pour les premiers, que s'ils ne sont pas entrés dans les *ordres majeurs à 25 ans accomplis*, et, pour les seconds, que *s'ils n'ont pas reçu la consécration dans l'année* qui suivra celle où ils auraient pu la recevoir, ils seront tenus d'accomplir le temps de service prévu par la loi ;

Les jeunes gens qui ont remporté le grand prix de l'Institut ou de l'Université.

§ II. — *Dispositions générales et instructions relatives aux dispenses.*

1o Les *droits* à la dispense doivent être *acquis et justifiés* au moment où le conseil de révision est appelé à statuer ; toute demande en dispense faite ultérieurement est inadmissible.

2° Les jeunes gens qui réclament le bénéfice de la dispense *doivent être préalablement visités*, et leur aptitude physique constatée, puisque dans certaines circonstances ils peuvent être appelés sous les drapeaux.

Les dispensés doivent, *avant de se marier*, obtenir l'autorisation du ministre de la guerre, sauf toutefois les inscrits maritimes.

§ III. — *Engagés volontaires.*

Les engagés volontaires qui se font exonérer et restent dans leurs foyers, ne peuvent être tenus de se faire exonérer de nouveau. — On doit les considérer comme dispensés.

Les engagés volontaires renvoyés dans leurs foyers, soit avec leur congé de réforme, soit par suite de l'annulation de leur acte de remplacement, ne doivent pas être considérés comme dispensés ; ils sont dans la même position que s'ils n'avaient jamais été au service.

L'engagé volontaire qui a *déserté* doit être considéré comme dispensé.

§ IV. — *Marins.*

Les marins de certaines catégories étant dispensés, pour être immatriculé comme marin, il faut être âgé de 18 ans, et avoir fait, soit 18 mois de navigation, soit deux campagnes au long cours, soit enfin 2 années de petite pêche.

Les ouvriers charpentiers de navire, les calfats, perceurs et voiliers, doivent être âgés de 17 ans, et avoir fait une année d'apprentissage dans l'une de ces professions.

Ces marins doivent justifier d'un droit à la dispense par un certificat de l'inscription maritime, délivré par l'officier d'administration du quartier où ils sont immatriculés.

Un jeune homme, embarqué comme *novice* sur un bâtiment de l'État, ne doit pas être considéré comme *marin classé* ; il n'a aucun droit à la dispense.

La dispense *n'est pas due* aux volontaires ou aspirants ; ils ne pourraient y avoir droit que s'ils étaient liés au service par un engagement volontaire, ou s'ils étaient portés, à titre définitif, sur les registres matricules de l'inscription maritime.

Lorsque les inscrits maritimes perdent la qualité qui les dispense du recrutement de l'armée de terre, en renonçant volontairement à la navigation et aux professions maritimes, ils sont remis à la disposition du ministre de la guerre pour être incorporés jusqu'à l'expiration du service de la classe à laquelle ils appartiennent.

Un marin ou ouvrier maritime, qui, pendant son absence *en mer* ou ailleurs, est désigné pour la classe appelée, et qui ne remplit pas, à l'époque du tirage, les conditions pour être inscrit, appartient à l'armée de terre ; et à son retour, il doit suivre la destination qui lui a été assignée.

§ V. — *Des dispenses universitaires.*

L'article 79 de la loi du 15 mars 1850 sur l'enseignement universitaire, comble une lacune de la loi du 21 mars 1832, en fixant à dix ans la durée de l'engagement qui entraîne la dispense.

Ainsi, pour être dispensé comme appartenant à l'Université, il faut se vouer à l'enseignement public pendant dix ans. Celui qui le quitte avant l'entier accomplissement de son engagement, est déchu de tout droit à la dispense, et est tenu d'accomplir ses sept années de service militaire, sans aucune déduction à l'occasion du temps qu'il a passé dans l'Université.

Le droit à la dispense n'est acquis qu'à la condition que l'engagement ait été contracté avant le tirage, non plus, comme sous l'empire de la loi du 21 mars 1832, devant le conseil de l'Université, mais devant le recteur de l'Académie.

Cet engagement est tout-à-fait distinct de celui que souscrivent les élèves avant leur entrée à l'Ecole normale. Il doit être rédigé sur papier timbré.

Si donc, le jeune homme qui se destine à l'enseignement est à l'Ecole normale, il devra, outre l'engagement qu'il a souscrit envers cette école, produire au conseil de révision l'engagement universitaire prévu par l'article 79 de la loi du 15 mars 1850.

La qualité de membre de l'instruction publique est acquise, sous le rapport du recrutement, aussitôt l'acceptation par le recteur, de l'engagement souscrit, lors même que le candidat ne serait pas encore pourvu de fonctions universitaires.

Les instituteurs primaires communaux ont seuls droit, comme membres de l'instruction publique, à la dispense du service militaire. — Les instituteurs privés n'y ont pas droit.

§ VI. — *Dispenses ecclésiastiques.*

Pour pouvoir profiter de ces dispenses, le certificat
de l'évêque doit attester, non-seulement que le jeune
homme continue ses études, mais qu'il les continue
dans *un grand séminaire.*

S'il arrivait qu'en cas d'insuffisance de local, un élève
d'un grand séminaire fût autorisé à continuer ses études ailleurs, il suffirait d'un certificat de l'évêque constatant que le jeune homme est bien élève *d'un grand
séminaire,* mais autorisé à continuer ses études ailleurs.

Lorsque les élèves sont entrés *dans les ordres majeurs,*
ils sont considérés comme ayant satisfait à l'appel. —
Mais si à 25 ans ils n'y sont pas entrés, ils doivent accomplir le temps de service militaire *exigé par la loi.*

§ VII. — *Dispenses en faveur des élèves non catholiques.*

L'époque de la consécration n'étant pas la même
dans tous les cultes, la loi ne pouvait fixer la limite
d'âge d'une manière absolue. — Mais il est décidé d'une
manière générale que la dispense peut être accordée sur
l'attestation du ministre du culte auquel veulent se
vouer ceux qui en sollicitent l'application, constatant
qu'ils continuent leurs études.

§ VIII. — *Dispositions applicables à ceux qui n'auraient pas satisfait aux obligations imposées aux dispensés.*

Les jeunes gens désignés par leur numéro pour faire
partie du contingent cantonal, et qui en auront été dé-

duits conditionnellement, en exécution des numéros 1,
3, 4 et 5 de l'article précité, lorsqu'ils cesseront de suivre la carrière en vue de laquelle ils auront été comptés en déduction du contingent, seront tenus d'en faire
la déclaration au maire de leur commune dans l'année où
ils auront cessé leurs services, fonctions ou études, et
de retirer expédition de leur déclaration.

Ils seront rétablis dans le contingent de leur classe,
sans déduction du temps écoulé depuis la cessation dés-
dits services, fonctions ou études, jusqu'au moment de
la déclaration.

Faute par eux de faire cette déclaration, et de la soumettre au visa du préfet du département dans le délai
d'un mois, ils seront passibles des peines prononcées
par le premier paragraphe de l'art. 38 de la loi.

Si le dispensé est condamné pour n'avoir pas fait sa
déclaration, il ne lui sera pas tenu compte du temps qui
se sera écoulé depuis le jour de la cessation de ses fonctions; y compris, bien entendu, celui qu'il aurait passé
dans une maison de détention.

Le dispensé *renonciataire* peut se faire remplacer devant le conseil de révision.

Ceux qui *auront perdu leurs droits* à la dispense, ne
peuvent, s'ils le demandent, être exonérés qu'au corps
où ils auront été immédiatement incorporés, ou dans
l'un de ceux qui se trouveront les plus rapprochés de
leur résidence. Le prix de l'exonération que les dispensés ont à payer, est le même que celui fixé pour les
militaires sous les drapeaux pendant l'année où a cessé
le droit à la dispense.

Les jeunes gens dispensés qui auront perdu le bénéfice de la dispense sont, s'ils font partie d'une partie du contingent appelé à l'activité, renvoyés immédiatement à l'autorité militaire qui constate leur aptitude physique au service, et les fait diriger, s'il y a lieu, sur un des corps à proximité.

CHAPITRE VIII.

DES EXEMPTIONS.

L'exemption et la dispense ne sont pas la même chose.

Ainsi, la dispense est une faveur accordée par la loi, dans certains cas déterminés.

Elle peut cesser avec le fait qui la motive ; par exemple, lorsque celui qui est dispensé comme se destinant au sacerdoce vient à prendre une autre carrière.

L'exemption, au contraire, est un droit absolu, définitif, une fois qu'il a été reconnu et appliqué par le conseil de révision.

Aux termes de l'art. 13 de la loi du 22 mars 1832, sont exemptés du service militaire ceux qui se trouvent dans l'un des cas suivants, savoir :

1° Ceux qui n'auront pas la taille d'un mètre cinquante-six centimètres ;

2° Ceux que leurs infirmités rendront impropres au service ;

3° L'aîné d'orphelins de père et de mère ;

4° Le fils unique ou l'aîné des fils, ou, à défaut de fils ou de gendre, le petit-fils unique ou l'aîné des petits-fils d'une femme actuellement veuve, ou d'un père aveugle ou entré dans sa soixante-dixième année.

Dans les cas prévus par les paragraphes ci-dessus notés 3º et 4º, le frère puîné jouira de l'exemption, si le frère aîné est aveugle ou atteint de toute autre infirmité incurable qui le rende impotent.

5º Le plus âgé de deux frères appelés à faire partie du même tirage, et désignés tous deux par le sort, si le plus jeune est reconnu propre au service;

6º Celui dont un frère sera sous les drapeaux à tout autre titre que pour remplacement;

7º Celui dont un frère sera mort en activité de service, ou aura été réformé, ou admis à la retraite pour blessures reçues dans un service commandé, ou infirmités contractées dans les armées de terre ou de mer.

L'exemption accordée conformément aux numéros 6 et 7 ci-dessus, sera appliquée dans la même famille autant de fois que les mêmes droits s'y reproduiront.

Seront comptées, néanmoins, en déduction desdites exemptions, les exemptions déjà accordées aux frères vivants, en vertu du présent article, à tout autre titre que pour infirmité.

Le jeune homme omis, qui ne se sera pas présenté par lui ou par ses ayants cause, pour concourir au tirage de la classe à laquelle il appartenait, ne pourra réclamer le bénéfice des exemptions indiquées par les numéros 3, 4, 5, 6 et 7 du présent article, si les causes de ces exemptions ne sont survenues que postérieurement à la clôture des listes du contingent de sa classe.

Ces divers cas d'exemption ont donné lieu, dans l'application, à diverses décisions que nous allons sommairement indiquer. Mais, avant tout, nous croyons devoir résumer en peu de mots les principes qui régissent la matière.

Observations générales.

1º La loi devant être interprétée dans le sens le plus favorable aux familles, lorsqu'un individu a droit tout à la fois à *la dispense et à l'exemption*, l'exemption doit être appliquée de préférence, parce que *l'exemption est définitive*, et que *la dispense* peut n'être que *temporaire* ;

2° L'exemption qui *ne donne pas lieu à déduction*, doit également être appliquée de préférence à celle qui donne lieu à déduction.

Ainsi, celui qui a droit à l'exemption, tout à la fois pour infirmités et pour toute autre cause, doit être exempté de préférence pour infirmités, parce que cette espèce d'exemption ne donnerait pas lieu à déduction, pour le cas où un autre membre de la même famille se trouverait en position de demander l'application de ce bénéfice ;

3° Les droits à l'exemption doivent être *acquis et justifiés* au moment de la révision ;

4° L'art. 13 précité, nous dit que les *omis* ne peuvent invoquer comme causes d'exemption des motifs survenus depuis la clôture de la liste du tirage dont ils auraient *dû faire partie d'après leur âge*. Ainsi, celui qui, faisant partie de la classe de 1859, par exemple, aurait été omis dans la liste du tirage de cette classe, et été reporté sur la liste de 1860, ne pourrait invoquer le bénéfice d'exemptions survenues depuis la clôture de la liste de 1859.

C'est ici le cas d'expliquer le sens de l'avant-dernier paragraphe de l'art. 13 de la loi du 21 mars 1832 qui n'est pas en général très-bien compris par les familles :

Ce paragraphe, comme on vient de le voir, dispose que les exemptions accordées aux frères vivants, à raison de la présence d'un frère sous les drapeaux, *sont déduites* de celles que la loi permet d'accorder, lorsqu'elles n'ont pas *pour cause une infirmité.*

Il résulte donc des termes de la loi comme de son esprit, que l'exemption accordée à l'un des enfants pour défaut *de taille,* à la différence de celle accordée pour *infirmité,* n'exempte pas celui des frères qui vient immédiatement après. En voici la raison.

Si la loi a voulu, dans un intérêt d'humanité, qu'un membre *valide* de la famille lui fût laissé en compensation d'un membre appelé au service, son but est atteint dès qu'il reste un homme valide sur deux, *qu'il ait ou non la taille,* et cela parce que son défaut de taille ne l'empêche pas, *puisqu'il est valide,* de venir au secours de la famille.

Et si ceux qui sont exemptés pour infirmités ne comptent pas, c'est parce qu'ils ne peuvent être d'aucun secours pour la famille.

CAS DIVERS D'EXEMPTION. — SOLUTIONS.

§ Iᵉʳ. — *Défaut de taille.*

Cette disposition est précise et ne peut prêter à commentaire; seulement, nous croyons devoir engager les conseils de révision à se mettre en garde contre les moyens employés par les jeunes conscrits qui sont sur la limite de la taille, pour se faire paraître plus courts. Ainsi, ils se livrent à des fatigues excessives, se laissent difficilement mesurer, etc.

§ II. — *Aîné d'orphelins de père et de mère.*

1° Cette disposition ne s'applique pas au fils unique.

2° Si les orphelins sont issus du même père et de

mères différentes, l'aîné du premier lit a seul droit à l'exemption, parce qu'il est chef de famille.

3° L'orphelin, dont les frères du côté paternel ont encore leur mère, s'il est seul de son lit, ne peut profiter du bénéfice de l'exemption.

4° Pour que l'exemption comme aîné d'orphelins soit due, il suffit que celui qui la réclame ait des frères ou sœurs moins âgés que lui, qu'ils soient ou non du même lit.

5° Le bénéfice de l'exemption est applicable à celui qui, ayant des sœurs, même mariées, plus âgées que lui, a encore des frères et sœurs au-dessous de son âge.

6° Lorsque l'aîné d'orphelins est déjà au service, le puîné ne peut réclamer l'exemption comme aîné d'orphelins, mais comme ayant un frère au service.

7° Les effets de la mort civile n'étant pas applicables en matière de recrutement, la mort civile du père ou du fils aîné ne donne pas lieu à l'application du bénéfice de la disposition au profit de celui qui vient après.

§ III. — *Fils unique ou aîné de fils de veuve, de père aveugle ou entré dans sa soixante-dixième année.*

1° Si les enfants de deux ou plusieurs mariages ont pour mère commune une femme devenue veuve, ils sont considérés comme ne faisant qu'une même famille, quand l'un d'eux réclamera le bénéfice de l'exemption.

2° Il en est autrement des enfants d'un même père décédé, qui sont nés de mères différentes.

3° Le bénéfice de l'exemption ne doit pas profiter au petit-fils ou à l'aîné des petits-fils d'une veuve, d'un père aveugle ou septuagénaire, lorsqu'il a un gendre vivant, si toutefois le gendre a des enfants ; mais il en serait autrement s'il n'en avait pas, le lien de famille étant dissous dans ce cas.

4° L'enfant adoptif et l'enfant naturel légitimé sont mis sur le même rang que l'enfant légitime, et doivent, comme lui, profiter de l'exemption.

§ IV. — *Frères plus âgés l'un que l'autre.*

N'oublions pas que si la loi doit toujours être appliquée dans le sens le plus favorable à la famille, sur deux frères concourant au même tirage, l'un d'eux n'en est pas moins destiné à l'armée, à moins qu'ils n'aient tous deux un bon numéro.

Si le frère cadet est libéré par son numéro, le frère aîné doit être soldat s'il a l'aptitude physique. Mais s'ils ont obtenu l'un et l'autre soit un bon, soit un mauvais numéro, comment procéder ?

Si le puîné a obtenu un numéro qui précède celui de son frère aîné, le conseil de révision n'aura qu'à reconnaître si le plus jeune est propre au service. Si l'affirmative est reconnue, le frère aîné sera exempt de droit ; si, au contraire, le frère cadet est reconnu impropre au service, l'aîné n'aura plus de droit à l'exemption légale.

Mais si c'est le frère aîné, qui, dans l'ordre des numéros, précède le puîné, le conseil de révision ne pourra statuer sur son sort avant d'avoir constaté l'aptitude physique de ce dernier.

§ V. — *Frères jumeaux.*

Lorsque deux frères jumeaux concourent au tirage, si leur acte de naissance établit entre eux une antériorité, l'exemption est due à celui qui est né le premier; autrement, il y a lieu d'exempter celui des deux qui a le numéro le plus élevé, et à agir comme il est indiqué au paragraphe précédent.

§ VI. — *Frères dont la présence sous les drapeaux confère l'exemption.*

Par cette dénomination de frère, la loi ne fait aucune distinction entre les frères utérins, consanguins et germains.

Ainsi cette dénomination générale de *frère* au service, comprend d'une manière absolue tout *frère* engagé dans la vie militaire, à quelque titre que ce soit, dans les armées de terre et de mer, ou dans les services accessoires équivalents.

Confère donc l'exemption, tout frère servant dans les armées de terre et de mer, à tout autre titre que celui de remplaçant; qu'il soit à son poste, ou bien en congé illimité ou temporaire, ou encore qu'il attende dans ses foyers sa mise en activité;

Qu'il serve dans l'armée proprement dite, dans la gendarmerie ou les gardes-chiourmes, comme appelé, substituant, engagé volontaire ou rengagé;

L'inscrit maritime, embarqué sur des bâtiments de l'État en temps de guerre, mais non déduit du contingent, et à condition qu'il sera définitivement inscrit;

Les inscrits maritimes, déduits du contingent d'une classe, en vertu de l'art. 14 de la loi, qu'ils soient ou non embarqués sur des bâtiments de l'Etat; mais seulement pendant le temps qui s'écoulera depuis le jour où lesdits inscrits auront été déduits du contingent jusqu'à la libération de la classe à laquelle ils appartiennent;

Le militaire libéré et rengagé, lors même que, dans le cours de son premier service, il eût déjà exempté un de ses frères;

Ceux rengagés dans la garde pour moins de sept ans;

Ceux disparus aux armées sans qu'on en ait de nouvelles, présumés morts ou faits prisonniers;

Le frère admis à la retraite, qu'il soit mort ou vivant;

— porteur d'un congé de réforme, pour infirmités contractées au service de terre ou de mer, congé n° Ier;

— garde national mort dans un service commandé.

Le soutien de famille; mais il doit rejoindre son corps quand il a conféré l'exemption. Cependant, dans le cas où il a moins de deux ans de service à faire pour atteindre sa libération, il en est rendu compte au ministre de la guerre, et le jeune soldat peut être maintenu provisoirement dans ses foyers, en attendant la décision.

Le frère substituant son frère.

§ VII. — *Frères qui ne sont pas considérés comme en activité de service et ne confèrent pas l'exemption.*

1° Les officiers généraux, supérieurs et soldats qui ne sont pas employés activement.

2° Les sous-officiers et soldats, lorsqu'ils sont porteurs de congés d'un an renouvelables; de congés dits de renvoi ou de réforme.

3° Les gagistes, maîtres ouvriers, ou ouvriers non liés au service comme appelés, substituants, engagés volontaires ou rengagés.

4° Les hommes de la réserve, porteurs de congés temporaires renouvelables.

5° Les militaires en activité de service, remplaçants de leur frère.

6° Le dispensé non militaire.

7° Le frère d'un jeune homme non compris dans le contingent, mais maintenu exceptionnellement dans ses foyers.

8° Les hommes compris par erreur dans le contingent.

9° Les hommes retenus sous les drapeaux après sept années de service.

10° Les jeunes gens exonérés.

11° Le déserteur, si l'état de désertion *n'a pas cessé;* mais il en serait autrement si l'état de désertion avait cessé, soit que le déserteur fût rentré sous les drapeaux sans avoir été poursuivi ; soit que, poursuivi, il eût été acquitté.

12° Le militaire détenu.

§ VIII. — *Frères morts en activité de service, etc.*

La disposition de l'art. 13 de la loi du 21 mars, 1832, § 7, est applicable au remplaçant.

Elle est également applicable au garde national mort, ou qui a reçu, dans un service commandé, des blesures qui le rendent impropre au service militaire.

Mais ne peuvent être considérés comme étant morts en activité de service, et par conséquent conférer l'exemption à leurs frères, les militaires appartenant aux catégories ci-après :

1° Porteurs d'un congé de renvoi ou de réforme avec ou sans traitement;

2° Le déserteur, qu'il soit vivant, mort en état de désertion ou depuis sa condamnation;

3° Les jeunes soldats immatriculés et laissés dans leurs foyers *en congé illimité, porteurs d'un sursis de départ, ou d'un certificat provisoire de renvoi;*

4° Les gagistes, maîtres ouvriers et ouvriers non liés au service comme appelés, substituants, engagés volontaires ou remplaçants.

§ IX. — *Des exemptions pour infirmités.*

Aux termes de l'art. 13 de la loi du 21 mars 1832, sont exemptés ceux que leurs infirmités rendront impropres au service.

Les conseils de révision ne sauraient apporter trop de soin dans l'examen des jeunes gens; la loi, la raison et l'intérêt du trésor, veulent qu'on ne fasse entrer dans l'armée que des hommes robustes, qui ne soient pas exposés à tomber malades aussitôt qu'ils sont incorporés.

Les conséquences des mauvais choix ayant frappé l'attention de l'Empereur, Sa Majesté, dans le but d'en prévenir le retour, a écrit, le 7 mars 1857, à M. le ministre de la guerre, la lettre suivante :

« Monsieur le maréchal, mon attention a été ap-
« pelée sur le recrutement des conseils de révision qui
« ont une si grande influence sur la bonne constitution

« de l'armée, et j'ai chargé le général Niel, un de mes
« aides de camp, de faire des recherches d'après les
« données qui me sont fournies par le compte rendu
« qui m'est adressé tous les ans.

« Il résulte de ces recherches que même lors-
« que le contingent annuel était seulement de
« 80,000 hommes, il y avait des départements riches
« en hommes valides et qui, cependant, admettaient
« dans leur contingent jusqu'à 9 0/0 de jeunes gens
« infirmes ou trop faibles pour être admis dans les
« corps, c'est-à-dire que les conseils de révision rece-
« vant un grand nombre de jeunes-gens impropres
« au service, et qui par cela même étaient réformés
« au moment de leur incorporation, sacrifiaient dans
« un intéret de localité difficile à avouer, l'intérêt de
« l'armée et celui du pays. Car, si les corps les accep-
« tent, ils encombrent l'armée de non-valeurs et peu-
« plent les hôpitaux, ou si on les refuse, le contingent
« annuel se trouve diminué, ce qui force, dans les
« deux cas, le gouvernement à augmenter le chiffre
« du contingent suivant et à rendre plus lourde la
« charge qui pèse sur la population.

« De plus, on peut compter que chacun de ces
« hommes réformés à son arrivée au corps et ren-
« trant dans sa famille, a coûté à l'État 250 francs.
« En 1854, le contingent a été porté à 140,000

« hommes ; or, le nombre des réformés ayant été
« de 5,694, le Trésor aurait fait une perte sèche de
« près de 1,500,000 francs.

« Afin de prévenir le retour de semblables abus, je
« désire que, dans le rapport annuel que vous me re-
« mettrez sur le recrutement de l'armée, vous fassiez
« connaître les départements qui ont eu le moins de
« soldats de leurs contingents réformés par les corps,
« et les départements qui en ont eu le plus. Cette clas-
« sification stimulera le zèle des préfets et des conseils
« de révision ; car il est clair qu'ils mériteront d'autant
« plus d'éloges qu'il y aura eu moins de réformés dans
« les corps. »

La loi ne peut déterminer à l'avance d'une manière
absolue les infirmités qui rendent l'homme impropre
au service militaire. C'est une affaire d'appréciation
soumise au conseil de révision, qui ne doit pas perdre
de vue que, pour être militaire, il faut pouvoir résister
aux fatigues de tous genres, être par conséquent sain et
robuste, n'être atteint d'aucune infirmité qui soit de
nature à affecter les organes essentiels.

Voici les infirmités que les règlements indiquent
comme devant être une cause d'exemption :

I. Maladies du crâne

Teigne.

Calvitie ou alopécie. — Perte locale ou partielle des
cheveux, les cheveux rares, rabougris, cassants sont

considérés comme l'équivalent de la calvitie. Cette maladie annonce de la faiblesse, et ne permet pas de porter la coiffure militaire.

Tumeurs à la tête.

Ossification imparfaite. — Reconnaissable à la dépressibilité élastique des os.

Cicatrices étendues, grandes lésions.

II. Maladies de l'encéphale.

Imbécilité, aliénation mentale.

Catalepsie. — Contraction subite des muscles, elle est totale ou partielle; parfois, les parties affectées gardent la position qu'elles avaient avant, ou celle qu'on leur donne: maladie très-rare, occasionnée, soit par une grande surexcitation nerveuse, soit par une passion violente, l'ivresse, etc.

Epilepsie. — Perte subite du sentiment et de l'intelligence; se manifeste par des convulsions alternatives plus ou moins violentes, mais ordinairement fréquentes, à la différence de la catalepsie, qui produit une raideur permanente.

Convulsions. Danse de Saint-Guy.

III. Maladies des yeux.

Maladies des paupières.

Tumeurs enkystées. Adhérences des paupières.

Engorgements squirrheux. Boutons cancéreux des paupières.

Paralysie des paupières.

Ophthalmie ou conjonctive chronique.

Chute des cils.

Ectropion. — Ou renversement en dehors de l'une ou l'autre des paupières, quelquefois des deux.

Entropion. Trichiasis. — Direction vicieuse des cils contre le globe de l'œil.

Larmoiement habituel. —

Destruction, oblitération des points lacrymaux.

Déviation des points et des conduits lacrymaux.

Tumeur et fistule lacrymales.

Encanthis. — Excroissance qui se produit dans la caroncule lacrymale et a pour résultat de maintenir les paupières écartées.

Maladie du globe de l'œil.

Exophthalmie. — Déplacement de l'œil.

Strabisme. — Vice de direction de l'un ou des deux yeux (quand il affecte l'œil droit).

Ptérygion. — Développement variqueux de la conjonctive.

Myopie.

Nyctalopie et Héméralopie.

Amaurose.

IV. Maladies des oreilles.

Perte du pavillon de l'oreille.

Écoulement puriforme.

Excroissances polypeuses.

Corps étrangers.

Lésions de la trompe d'Eustache.

Surdité.

Surdité-mutité.

V. Maladies du nez.

Difformité du nez.
Couperose.
Dartre rongeante ou lupus.
Polypes.
Punaisie.

VI. Maladies de la bouche.

Dartres aux lèvres.
*Épaississement de la lèvre supérieure. — Rétrécisse-
ment des lèvres. — Bec-de-lièvre accidentel ou congénial.*
Paralysie labiale.
Perte des dents, mauvais état des gencives.
Perte de substance de la langue. — Hypertrophie.
*Ulcérations et dégénérescences cancéreuses et des
dents.*
Adhérences anormales.
Bégaiement
Mutité.
*Engorgement chronique et dégénérescence des glandes
salivaires.*
Écoulement involontaire de la salive.
Grenouillette ou ranule. — Tumeur salivaire qui se
développe sous la langue et gêne plus ou moins les
mouvements de cet organe.
Hypertrophie ou tuméfaction chronique des amygdales.
Allongement de la luette. — Il faut, pour que ce soit
une cause d'exemption, que la luette soit non-seule-
ment hypertrophiée, mais le siége d'une dégénérescence
squirrheuse manifeste.

Division du voile du palais.
Paralysie des organes de la déglutition.
Coarctation de l'œsophage.

VII. Maladies du cou.

Scrofules.
Cicatrices adhérentes, brides.
Torticolis.
Tumeurs.
Loupes ou tumeurs enkystées.
Engorgements chroniques ou squirrheux divers.
Goître.
Anévrisme.
Laryngite chronique.
Aphonie.

VIII. Maladie de la poitrine.

Ulcères, tumeurs à la surface du thorax.
Difformités de la colonne vertébrale.
Raccourcissement de la taille.
Configuration vicieuse du thorax.
Maladies des organes. — Affection pulmonaire,
phthysie.
Hémopthysie ou crachement de sang.
Lésions organiques du cœur.
Lésion de l'aorte thoracique.
Asthme.

IX. Maladies du bas-ventre et des organes génito-urinaires.

Tumeurs.
Abcès par congestion.
Anévrisme de l'aorte abdominale.

Hernies.

Maladies chroniques et engorgements des viscères abdominaux. — Vomissement de sang.

Hémorrhoïdes.

Procidence de la membrane muqueuse du rectum.

Incontinence des matières stercorales.

Constriction spasmodique et fissure à l'anus.

Rétrécissement, tumeur squirrheuse ou cancéreuse du rectum.

Fistule, anus contre nature.

Maladie des organes génito-urinaires.

Hypospadias et épispadias. — Ouverture de l'urètre au-dessous de l'extrémité de la verge.

Rétention d'urine.

Rétrécissement de l'urètre.

Maladies de la prostate, calcul, tumeur vésicale.

Paralysie de la vessie.

Incontinence d'urine.

Hématurie.

Affections dartreuses du scrotum.

Tympanite du scrotum.

Anasarque ou hydrocèle par infiltration.

Cirsocèle.

Varicocèle.

Hydrocèle.

Absence ou altération grave des testicules.

Testicule dans l'anneau inguinal.

X. Maladies des membres.

Transpiration fétide.
Affections dartreuses et ulcères des membres.

Ulcères.

Cicatrices adhérentes.

Anévrisme.

Varices.

Névralgies, sciatique, douleurs rhumastismales chroniques.

Paralysie.

Paralysie saturine.

Paralysie par cause externe.

Tremblement habituel.

Contracture.

Lésions des os et des articulations.

1° Courbes défectueuses, dépressions profondes, inégalité, déviation et raccourcissement de membres, fausses articulations, entorses, luxations anciennes.

L'ankylose incomplète.

2° Engorgements chroniques, tumeurs blanches, hydarthroses, fistules osseuses ou articulaires, nécrose, carie.

Corps mobiles dans les articulations.

3° État cagneux et longueur inégale des membres, périostoses, exostoses.

Lésions des mains et des pieds.

Les mutilations des doigts et des orteils.

Pieds plats et déviés.

XI. Faiblesse générale.

Il existe un grand nombre de sujets qui, sans avoir d'infirmités caractérisées, sont néanmoins impropres au service; ce sont ceux qui sont atteints d'une *faiblesse générale.*

Il est impossible de déterminer d'une manière précise ce qui constitue la faiblesse générale, c'est une appréciation d'ensemble. Ainsi on doit ordinairement considérer comme un indice de faiblesse générale, et cause d'inaptitude au service militaire, une taille trop élevée et disproportionnée avec le corps; cou allongé, grêle; poitrine enfoncée, étroite, aplatie; ventre déprimé, etc.

On ne doit pas oublier, toutefois, qu'il suffirait d'une abstinence prolongée, de l'usage répété de purgatifs violents ou de vomitifs, pour se faire pâlir le teint, gripper les yeux, creuser les joues, enfoncer les yeux, se donner un ton mat, une apparence malingre.

Mais le médecin exercé reconnaîtra facilement cette fraude, il la signalera, et celui qui l'aura commise, sera exposé aux poursuites et à l'application des peines déterminées par la loi.

XII. Impotence.

La loi du 21 mars 1832 accorde l'exemption au frère puîné d'orphelins de père et de mère, ou au fils ou petit-fils puînés d'une femme actuellement veuve, ou d'un père aveugle ou entré dans sa 70e année, lorsque le frère ou le fils ou le petit-fils est lui-même aveugle ou atteint de toute autre infirmité incurable qui le rend *impotent*.

L'*impotence*, dans le sens de la loi, doit être considérée comme l'impossibilité, par suite d'infirmités, de pourvoir à sa propre subsistance et à celle de sa famille.

L'*incurabilité*, quand il ne s'agit pas de la perte absolue d'un membre ou d'un organe important, doit être prononcée, lorsque les caractères de la blessure ou de l'infirmité, et l'insuccès de traitements méthodiques suffisamment variés et prolongés, s'accordent à faire présumer que le sujet ne guérira pas.

Ces recommandations si sages doivent donc servir de règle aux conseils de révision dans leur appréciation, la loi ne pouvant, comme nous l'avons vu, déterminer à l'avance d'une manière absolue toutes les infirmités qui rendent l'homme impropre au service.

CHAPITRE IX.

DU REMPLACEMENT.

La loi du 21 mars 1832 autorisait le remplacement d'une manière absolue. Dans un intérêt d'ordre public, cette faculté a été modifiée par la loi du 26 avril 1855 (Voir la préface et la loi, page 39), et restreinte aux frères, beaux-frères et parents au 4ᵉ degré (art. 10).

Mais la loi du 17 mars 1858 l'a étendue jusqu'aux parents au 6ᵉ degré. (Voir ci-après Substitutions, page 102.)

Le remplaçant ne peut être admis que par le conseil de révision du département dans lequel le remplacé a concouru au tirage au sort. Il est admis sur la production des pièces désignées au modèle n° 62, ci-après.

Toutefois, les remplacements ne peuvent plus avoir lieu devant les conseils de révision après l'ordre de départ. Il ne doit être admis d'exception à cette règle qu'en faveur du jeune soldat maintenu *en sursis de départ*, et cela seulement pendant la durée du sursis.

Conditions d'aptitude.

Les conditions de remplacement sont les mêmes que sous l'empire de la loi du 21 mars 1832. Notamment, le remplaçant doit être Français, libre de tout service, et ne se trouver dans aucun des cas prévus par l'art. 13 de la loi du 21 mars 1832.

Il doit être âgé de trente ans au plus; ou, s'il a été militaire, de trente à trente-cinq, ou de dix-huit à vingt s'il est frère du remplacé.

Il doit déclarer verbalement et par écrit : 1° Qu'il n'est ni veuf ni marié avec enfants; 2° qu'il n'est ni engagé volontaire ni rengagé, ni inscrit maritime, ni jeune soldat faisant partie d'une classe non libérée, ni remplaçant d'un homme dont le temps de service n'est pas expiré.

Le remplaçant doit produire un certificat du maire délivré par le maire de son dernier domicile ; et, s'il ne compte pas au moins un an de séjour dans la commune, il est tenu d'en produire également un autre du maire de la commune ou des communes qu'il a habitées depuis au moins un an.

Ces certificats doivent constater, outre le signalement du remplaçant : 1° La durée du temps pendant lequel il a été domicilié dans la commune ; 2° qu'il jouit de ses droits civils ; 3° qu'il n'a jamais été condamné pour vol, escroquerie ou attentat aux mœurs.

Ces certificats doivent toujours être légalisés par le préfet.

Il doit en outre fournir un bulletin extrait des casiers judiciaires du tribunal du lieu où il est né, un

certificat de *libération* et de *bonne conduite*. — Ces
deux pièces sont exemptes du timbre, mais les certificats de libération et d'exemption y sont assujétis.

Responsabilité.

Le remplacé est responsable de son remplaçant, conformément aux dispositions de l'art. 43 de la loi du
21 mars 1832.

Poursuites en cas de fraudes.

Toute fraude, escroqueries ou faux commis par les
entremetteurs ou autres, doivent être déférés aux tribunaux et poursuivis rigoureusement.

CHAPITRE X.

De la substitution.

La substitution est un mode de remplacement parti-
culier prévu et autorisé par la loi. Aux termes de
l'art. 17 de la loi du 21 mars 1832, la substitution
était permise entre jeunes gens d'un même canton ;
c'est-à-dire que celui qui tombait au sort pouvait se
faire remplacer par un jeune homme du même canton,
qui était exempt par son numéro, à la seule condition
qu'il fût jugé propre au service.

Mais cette faculté donnait lieu à de déplorables abus
exploités par les compagnies.

Pour en prévenir le retour, la loi du 26 avril 1855
restreignit d'abord cette faculté aux frères, beau-
frères et parents au quatrième degré. Mais la loi du
17 mars 1858 l'a étendue jusqu'au sixième degré, tou-

jours à la condition que le substituant et le substitué appartiendraient au même canton ; que le substituant ne serait exempt pour aucun des cas prévus par l'art. 13 de la loi du 21 mars 1832. Le substituant n'a d'autres pièces à fournir au conseil de révision que celles indiquées au n° 62.

OBSERVATIONS IMPORTANTES :

1° *Aux conseils de révision.* — Les conseils de révision ne sauraient trop se tenir en garde contre les menées des compagnies, en matière de substitution, comme en matière de remplacement. Les cas les plus fréquents de fraude en matière de substitution, sont ceux prévus et signalés par les art. 2, 8, 18, 43 de la loi du 21 mars 1832.

L'intervention de tous agents de ce genre doit donc être repoussée de la manière la plus absolue. Ce sera même agir dans l'esprit de la loi, que d'exclure comme remplaçants et substituants les individus qui se présenteraient sous de pareils auspices.

2° *Aux familles.* — Dans le cas prévu par l'art. 13 de la loi, le substituant procure l'exemption à son frère, tandis que le remplaçant ne jouit pas de cette faveur.

Le substitué n'est pas, comme le remplacé, obligé de fournir un homme en cas de désertion. Ainsi, la substitution entraîne une libération absolue.

3° *Aux substituants.* — Tout individu admis au corps comme substituant, et qui n'est pas le même que celui qui a comparu devant le conseil de révision et a souscrit l'acte devant le préfet, se rend coupable de FAUX PAR SUPPOSITION DE PERSONNE.

Il en est de même de celui qui se fait admettre sur la production de pièces fausses.

Dans un cas comme dans l'autre, ils s'exposent à être poursuivis criminellement, et CONDAMNÉS COMME FAUSSAIRES AUX TRAVAUX FORCÉS A TEMPS.

CHAPITRE XI.

DES SUPPLÉMENTAIRES.

On donne le nom de supplémentaires ou suppléants aux jeunes conscrits qui ne sont pris que provisoirement, en attendant, par exemple, qu'il ait été statué sur le sort de celui qui les précède immédiatement, soit à raison d'une question d'état, soit de toute autre qui suspend son admission.

Ainsi, dans un canton, le contingent à fournir aux termes de l'art. 4 de la loi, est de trente jeunes gens, le nombre de ceux qui ont tiré au sort a été de soixante-dix, et le dernier numéro compris dans le contingent cantonal est quarante-sept.

Dans cette supposition, les numéros 48 jusqu'à 70 devraient être libérés ; mais, parmi les jeunes gens du contingent, il y en a plusieurs qui ne sont inscrits que conditionnellement, et qui doivent être aussi conditionnellement remplacés dans ce contingent.

Admettons que les jeunes gens désignés par les numéros suivants sont dans l'une des positions prévues aux articles 26 et 27 de la loi, savoir :

Le n° 3, pour question pendante devant les tribu-
    naux ;

Le n° 9, pour avoir obtenu un délai afin de produire
    des pièces justificatives ;

Le n° 12, pour absence ;

Le n° 18, comme prévenu de s'être mutilé ;

Le n° 24, idem ;

Le n° 30, pour question pendante devant les tribu-
    naux ;

Le n° 39, pour avoir obtenu un délai ;

Les n°ˢ 40 et 41, pour absence.

Dans cet état de choses, le conseil de révision aura
donc neuf jeunes gens à désigner pour être compris
conditionnellement dans le contingent du canton, et
ces neuf jeunes gens devront être pris parmi ceux qui
appartiennent à la série des numéros 48 à 70.

Les désignations supplémentaires ne devant porter
que sur des hommes propres au service, le conseil de
révision aura à examiner, suivant l'ordre du tirage,
dans cette nouvelle série, les jeunes gens qui auraient
droit à l'exemption.

Supposons qu'après cet examen, les numéros qui
auront été désignés soient 49, 50, 52, 55, 57, 58, 60,
62, 64, et voyons quel sera leur sort, en raison de la
destination des jeunes gens pour lesquels ces numéros
ont été mis en réserve.

Il est évident que le conseil de révision aura à s'occuper des jeunes gens absents, ou qui ont obtenu des
délais, puisque ces délais sont limités, avant que
d'avoir à prononcer sur les jeunes gens qui auront des
questions pendantes devant les tribunaux.

Ce sont donc les numéros 9, 12, 39, 40 et 41 de l'exemple proposé qui pourront être l'objet de ses décisions.

Dans cette hypothèse très-probable, le jeune homme qui a le n° 9 obtiendra ou n'obtiendra pas l'exemption. Si sa réclamation est admise, si ses droits sont reconnus, s'il est exempté enfin, aussitôt le n° 49 sera de droit et de fait compris dans le contingent.

Si au contraire le n° 9 n'est point exempté, et s'il fait par conséquent et définitivement partie du contingent, aussitôt la libération du n° 64 devra être proclamée.

Pour le jeune homme ayant le n° 12, le procédé sera le même.

A l'expiration du délai, il se présentera ou ne se présentera pas; s'il se présente, il sera reconnu propre ou impropre au service.

S'il ne se présente pas, ou s'il est déclaré propre au service, le n° 62 de l'exemple proposé sera libéré immédiatement, car, dans le premier cas, le conseil de révision, aux termes l'art. 16 de la loi, prononcera à l'égard du n° 12 comme s'il était présent.

Dans le cas où l'absent se soumettrait à l'examen, et serait reconnu impropre au service, ce serait le n° 51 qui descendrait définitivement dans le contingent cantonal.

Il serait superflu d'étendre ces explications aux autres positions présentées dans l'exemple ci-dessus, mais on peut en tirer cette conséquence incontestable, puisqu'elle est fondée sur l'ordre du tirage (art. 26 de la loi) ; c'est que, « parmi les numéros mis en réserve,

« ce sont toujours les plus faibles qui descendent
« les premiers dans le contingent, et les plus forts qui
« en sont, au contraire, les premiers retirés. » (Inst.
du 30 mars, n°ˢ 125 à 133.)

CHAPITRE XII.

DES SOUTIENS DE FAMILLE.

Dans l'intérêt des familles pauvres, un certain nombre de jeunes soldats, reconnus comme soutiens indispensables de leurs familles, peuvent être laissés dans leurs foyers, suivant une proportion déterminée par le ministre de la guerre.

L'appréciation de ces demandes se fait de manière à donner aux familles les plus grandes garanties de sévère impartialité. L'examen des dossiers est confié par le préfet aux soins d'un conseiller de préfecture, qui les étudie, les annote avec le soin le plus scrupuleux, et les classe par ordre de mérite. — Le préfet les apprécie à son tour, et ils sont ensuite soumis au conseil de révision, qui examine de nouveau chaque demande, avec la plus scrupuleuse attention.

L'admission comme soutien de famille ne constitue pas une exemption, mais seulement un droit éventuel, pour celui qui en fait l'objet, à être maintenu dans ses foyers. —Les jeunes gens admis au bénéfice de soutiens de famille ne doivent donc pas être prévenus de cette décision, puisqu'ils restent à la disposition du ministre de la guerre.

Observation importante.

Si les jeunes soldats, maintenus dans leurs foyers comme soutiens de famille, sont signalés comme ayant perdu leur titre à cette faveur, soit par leur inconduite, soit parce qu'ils manqueraient d'égards envers leur famille, il en est immédiatement rendu compte au ministre de la guerre, qui peut les appeler à l'activité.

Ils font, du reste, partie de la réserve jusqu'à leur libération ou jusqu'à ce qu'ils soient appelés à l'activité.

Il arrive quelquefois que des jeunes gens qui, ayant des droits à l'exemption, n'ayant pu, soit par négligence, soit pour touté autre cause, les justifier en temps utile, se présentent comme soutiens de famille.

Les conseils de révision doivent rejeter leur demande.

En effet, l'exemption est basée sur un droit écrit dans la loi, droit que le conseil de révision apprécie, quand on lui remet les pièces justificatives en temps utile, et toujours les familles ont le temps nécessaire pour le faire.

Si elles ne le font pas en temps utile, elles n'ont à s'en prendre qu'à elles-mêmes, à leurs mandataires et aux maires, contre lesquels ils peuvent avoir, suivant les circonstances, un recours en dommages-intérêts.

Cette proportion, qui n'était d'abord que de un pour cent, a été fixée à deux pour cent par la circulaire du 26 mars 1859.

Cette faculté étant applicable à deux hommes sur cent, un contingent de deux cent un hommes donnera droit, aux termes des instructions ministérielles, de laisser *six jeunes soldats;* un contingent de quatre cents un hommes, donnera droit de laisser *dix jeunes soldats.*

Comment et quand doivent être formées les demandes.

Ces demandes devront être formées, autant que possible, lors de la révision, et être accompagnées d'un certificat constatant la position de la famille, conforme au modèle n° 60.

Notes à prendre.

L'officier de recrutement doit noter à la colonne d'observations de la liste des jeunes gens compris dans le contingent, les demandes qui auront paru fondées, pour permettre au conseil, réuni au chef-lieu, une appréciation et une comparaison équitables et fondées sur des éléments sérieux.

CHAPITRE XIII.

DE L'EXONÉRATION.

Le remplacement ayant été restreint aux termes des lois présentées entre parents au sixième degré, chacun peut, aux termes de la loi du 26 avril 1855, se faire exonérer du service militaire, en versant à la caisse de la dotation de l'armée une somme dont le chiffre est déterminé chaque année par le ministre de la guerre.

La demande afin d'être admis à l'exonération n'est assujettie à aucune formalité spéciale. Il suffit de la former verbalement soit lors du tirage au sort, soit lors de la révision, soit en déposant à la préfecture, dans les dix jours qui suivent, le certificat de versement du montant de la prestation.

Nous croyons devoir rappeler ici que la caisse de la dotation est autorisée à recevoir au nom des jeunes gens, avant l'appel de leur classe, les versements applicables à leur exonération ultérieure du service, pourvu qu'ils soient âgés de quinze ans.

Les versements ne peuvent être moindre de 100 fr. ni excéder en totalité 3,000 francs.

Il suffit, pour être admis au bénéfice de cette anticipation, de produire son acte de naissance, ou un certificat de notoriété qui en tienne lieu.

Si le jeune homme qui verse est âgé de moins de dix-huit ans, il doit justifier de l'autorisation de ses père et mère ou tuteur, et, à défaut de père ou tuteur, du juge de paix.

Le versement peut être fait *par un tiers*. — Ce tiers doit faire constater, sur le récipissé, s'il entend stipuler à son *profit le retour* des sommes versées, dans le cas où il y aurait *lieu à restitution* totale ou partielle des sommes déposées.

On peut toujours, *en renonçant* au bénéfice de l'exonération, demander la restitution des sommes versées par anticipation ; il suffit d'en confier la demande au préfet dans la forme ci-après :

« Je... soussigné, domicilié à   , canton
« de   , département de   , déclare renoncer

« à faire exonérer du service le sieur..... ; en consé-
« quence, je demande que la somme de..... que j'ai
« versée à la caisse de la dotation de l'armée, me soit
« restituée.

Fait à..... ce..... 18...

Signature :

Vu par nous, maire de la commune de   ,
pour légalisation de la signature du sieur..... apposée
ci-dessus.

A....., ce..... 18...

(Apposer ici le cachet de la Mairie.)

Le recrutement des hommes nécessaires pour faire
face aux besoins de l'exonération s'opère au moyen de
l'engagement volontaire, du rengagement, ou du remplacement par voie administrative.

DÉLAI DANS LEQUEL DOIT ÊTRE FORMÉE LA DEMANDE
AFIN D'EXONÉRATION.

Danger d'attendre au dernier moment.

La demande afin d'être admis au bénéfice de l'exonération doit être formée soit lors du tirage au sort,
soit lors de la révision, soit au plus tard dans les dix
jours qui suivent les opérations du conseil de révision.

Les maires en sont avertis, invités d'en prévenir les
familles, et on doit dire qu'en général ils ne tiennent
pas assez compte des instructions qui leur sont adressées
à cet égard.

Ainsi, le maire de la commune de Tassé (Sarthe), dont
le fils avait obtenu au tirage de l'année 1860 le n° 1er,
ce qui le classait de droit dans la marine, fut engagé
par le préfet à ne pas attendre le dernier moment pour

déposer sa prestation et produire le certificat nécessaire. Il avait d'ailleurs ses instructions officielles.

Malgré cela, il négligea de le faire et il n'arriva à la préfecture, muni de son certificat, que le onzième jour, au moment où la liste de ceux qui demandaient à se faire exonérer venait de partir pour le ministère... Au grand regret de l'administration, sa demande ne put donc être accueillie.

Ainsi, son fils s'est trouvé, de droit, *classé dans la marine !*...

D'un autre côté, il ne faut pas oublier que, pour se faire *exonérer au corps, la prime est de* 3,500 fr.

CHAPITRE XIV.

DU MOYEN POUR UN OUVRIER DE FAIRE EXONÉRER SES ENFANTS SANS RIEN DÉBOURSER.

Hélas ! rien n'est plus simple que d'atteindre ce résultat : *il suffit pour cela de renoncer à la funeste habitude de faire le lundi...*

En effet, chaque lundi coûte à l'ouvrier 1° sa journée, que nous pouvons évaluer en moyenne à. . .   2 fr.

Il dépense au moins une somme égale. . .   2
____

Total. . . . . 4 fr.

Par mois. . . . . 16 fr.

Heureux encore quand au lundi on n'ajoute pas le mardi !

Or, veut-on savoir ce que produirait cette somme placée régulièrement à la caisse d'épargne chaque semaine ? En voici un aperçu : D'après des calculs basés sur l'expérience que l'auteur de cette publica'ion doit

à l'obligeance d'un homme compétent plus que personne en pareille matière, M. Hubert, receveur de la
caisse d'épargne du Mans, donne le résultat, en capital
et intérêts, des plus petites économies soutenues pendant 20 ans :

Un franc, économisé par mois, et placé à la caisse
d'épargne, produit au bout d'un an, 12 f. 20 ; 2 ans,
24 f. 85 ; 3 ans, 37 f. 95 ; 4 ans, 51 f. 53 ; 5 ans,
65 f. 64 ; 6 ans, 80 f. 27 ; 7 ans, 95 f. 47 ; 8 ans,
111 f. 23 ; 9 ans, 127 f. 59 ; 10 ans, 154 f. 55 ; 11 ans,
172 f. 52 ; 12 ans, 191 f. 17 ; 13 ans, 210 f. 53 ; 14
ans, 230 f. 60 ; 15 ans, 251 f. 42 ; 16 ans, 273 fr 03 ;
17 ans ; 295 f. 46 ; 18 ans, 318 f. 72 ; 19 ans, 342 f. 84 ;
20 ans, 367 f. 82.

Un franc économisé par semaine donne : au bout
d'un an, 52 f. 72 ; 2 ans, 107 f. 39 ; 3 ans, 164 f. 12 ;
4 ans, 222 f. 99 ; 5 ans, 284 f. 03 ; 6 ans, 347 f. 40 ;
7 ans, 413 f. 13 ; 8 ans, 481 f. 33 ; 9 ans, 552 f. 05 ;
10 ans, 625 f. 47 ; 11 ans, 701 f. 62 ; 12 ans, 780 f. 62 ;
13 ans, 862 f. 59 ; 14 ans, 947 f. 63 ; 15 ans, 1,035 f.
86 ; 16 ans, 1,127 f. 39 ; 17 ans, 1,222 f. 37 ;
18 ans, 1,320 f. 91 ; 19 ans, 1,423 f. 13 ; 20 ans,
1,529 f. 21.

L'ouvrier ne se doute assurément pas que dans le
cours de son existence, le lundi coûte à sa famille au
moins quatre à cinq fois cette dernière somme, c'est-à-
dire de six à huit mille francs!...

CHAPITRE XV.

DES ENGAGEMENTS ET RENGAGEMENTS.

§ Ier. — *De l'engagement volontaire proprement dit.*

Pour pouvoir être admis à contracter un engagement volontaire, il faut :

1° Être Français.

2° Avoir seize ans accomplis, si on veut s'engager pour l'armée de mer, dix-sept ans pour l'armée de terre, — pas plus de trente ans si on n'a pas encore servi.

3° Jouir de ses droits civils.

4° N'être ni marié, ni veuf avec enfants.

5° Être porteur d'un certificat de bonne vie et mœurs dans les formes prescrites par la loi du 21 mars 1832.

6° Avoir la taille exigée pour l'arme dans laquelle on veut servir, et cela sans préjudice des droits du ministre de faire changer de corps et d'arme, même après incorporation.

7° Réunir les conditions voulues, pour l'exercice de l'une des professions déterminées par les règlements.

8° Justifier, si on a moins de vingt ans, du consentement de ses père et mère.

Tout soldat *réformé* peut être admis à se rengager, si l'autorité militaire lui en reconnaît l'aptitude.

§ II. — *Où doit se contracter l'engagement.*

En France, pour l'armée de *terre*, devant le maire du chef-lieu du canton. (Voir formules 44 et 45.)

(Toutefois, le postulant doit préalablement faire constater son aptitude, soit par le chef du corps dans lequel il veut servir, soit par l'officier de recrutement du département, soit par l'officier de gendarmerie le plus voisin.)

En *Algérie* : à Constantine, Medeah, Milianah, Tenez, Cherchell, Mascara, Themcen, Sétif, Alger, Guelma, Blidah, Oran, Mostaganem, Bône, Philippeville.

Pour les régiments *d'infanterie de marine* : à Paris, sur les autorisations spéciales du ministre de la marine et des colonies; et dans les ports de Toulon, Brest, Rochefort et Cherbourg, sur les certificats d'acceptation des chefs de ces régiments. Si l'engagé volontaire a déjà servi comme *engagé*, il devra produire l'annulation administrative ou judiciaire de l'acte d'engagement ou rengagement.

S'il a *servi comme remplaçant*, l'annulation de son acte de remplacement.

S'il a été *inscrit* maritime, il devra produire l'acte de déclassement signé par le commissaire de l'inscription maritime de son quartier.

La durée de l'engagement est de sept ans. — En temps de guerre, on peut admettre un engagement de deux ans.

Tout engagement volontaire pour la garde impériale peut être reçu pour trois ans, s'il est contracté par un ancien militaire âgé de moins de 35 ans; le minimum de la taille est de 1 m. 68 c.

Toutefois, les chasseurs à pied, voltigeurs et musiciens de la garde, sont dispensés de toutes conditions de taille.

§ III. — *Des rengagements.* — *Militaires en activité.*

Les rengagements sont d'une durée de deux ans au moins et de sept ans au plus; ils ne peuvent être contractés que par des militaires qui accomplissent leur quatrième année de service,—soit dans l'armée active, soit dans la réserve (1). — Cette faculté s'applique aux engagés volontaires.

Le militaire qui veut être admis à se rengager doit présenter sa demande, soit au chef du corps auquel il appartient, soit au chef du corps dans lequel il a l'intention de continuer à servir.

Lorsqu'il a obtenu le certificat d'aptitude nécessaire, il se présente devant l'intendant de son corps, qui reçoit son engagement.

§ IV. — *Militaires dans la réserve.*

Les militaires dans la réserve doivent, pour contracter un rengagement, s'adresser au sous-intendant militaire du département et produire les pièces ci-après:

1° Un certificat de bonne conduite délivré par le chef de leur ancien corps; 2° certificat de bonne vie et mœurs du maire de leur commune, s'ils sont absents de leurs corps depuis plus de trois mois; 3° certificat du capitaine de recrutement constatant qu'ils sont aptes à servir dans le corps où ils veulent entrer.

---

(1) Aux termes d'une circulaire de son Excellence le ministre de la guerre, en date du 11 janvier 1861, les militaires dans la réserve qui contractent un rengagement *peuvent recevoir* dans leurs foyers la première portion de la prime, par l'intermédiaire du préposé à la caisse des consignations du chef-lieu (le receveur général).

§ V. — *Des engagemeuts après libération.*

Le *rengagement* s'applique à l'individu qui prend un nouvel engagement pendant qu'il est encore au service. *L'engagement volontaire après libération* suppose au contraire l'individu qui s'engage complétement libéré du service militaire.

Le rengagement donne droit à la *prime* déterminée par la loi du 26 avril 1855. L'engagement volontaire après libération n'y donne droit que dans certaines conditions ; lorsque , par exemple , celui qui se rengage après libération n'est pas libéré depuis plus de deux années.

On conçoit la raison de cette disposition. L'État a intérêt à ce que l'individu qui se rengage n'ait pas perdu les habitudes de la vie militaire, et c'est précisément en considération de cet avantage qu'il encourage le rengagement par une prime qu'il n'offrirait pas à celui qui aurait contracté de nouvelles habitudes.

§ VI. — *Des primes.*

Prime de rengagement.

Aux termes de l'art. 12 de la loi du 26 avril 1855, tout rengagement de sept ans donne droit :

1° A une somme de mille francs ;

2° A une haute paie de rengagement de dix centimes par jour.

Mais, aux termes de l'art. 14 de la même loi, sur la proposition de la commission supérieure, un arrêté du ministre de la guerre peut augmenter les allocations fixées par l'article 12 autres que la haute paie. Or, chaque année, la prime est supérieure au minimum fixé par l'art. 12 de la loi précitée ; ainsi pour la classe de 1856, elle a été fixée à. . . . . . . 2,300 fr.

  Pour celle de 1857, à. 1,500

  Pour celle de 1858, à. 1,800

  Pour celle de 1859, à. 2,300

Les militaires qui comptent *plus de sept ans* de service ne sont pas admissibles à jouir des avantages attribués au *premier* rengagement de sept ans.

Dans ce cas, ils ont droit :

Pour chaque année de service de leur nouvel engagement jusqu'à quatorze ans de service accompli, à l'annuité et à la haute paie journalière de dix centimes.

Il est entendu que la prime n'est due qu'à ceux qui s'engagent dans les conditions prévues par la loi du 26 avril 1855, et non à ceux qui contractent un premier engagement, sans avoir jamais appartenu à l'armée.

§ VII.—*Prime d'engagement volontaire après libération.*

L'engagement volontaire après libération contracté dans les conditions prescrites par l'article 4 de la loi du 26 avril 1855, moins de deux ans après cette libération, donne droit, suivant sa durée, aux avantages spécifiés par l'art. 12.

Les sommes attribuées par les articles 12 et 13 aux *rengagés et engagés* volontaires après libération, sont incessibles et insaisissables. En cas de mort, une partie de ces sommes, proportionnelle à la durée du service, est dévolue aux héritiers et ayants cause des militaires. Si l'engagement ou rengagement sont contractés pour moins de sept ans, l'engagé a droit, pour chaque année, jusqu'à 14 ans de service, à une prime annuelle, dont le chiffre est fixé par le ministre de la guerre.

CHAPITRE XVI.

DU REMPLACEMENT PAR VOIE ADMINISTRATIVE.

L'ancien mode de remplacement a été supprimé, comme nous l'avons vu précédemment, et restreint aux parents jusqu'au sixième degré.

Le père de famille n'a donc plus à s'occuper de chercher, soit par lui-même, soit par l'intermédiaire de tiers, un remplaçant à son fils; il n'a qu'à déclarer s'il veut ou non le faire exonérer, l'État se charge du reste.

Mais les cadres de l'armée devant être remplis, l'État, qui s'oblige à faire remplacer, doit nécessairement trouver le remplaçant.

Il l'obtient en général par les rengagements. Toutefois, il peut arriver que les rengagements ne s'opèrent pas en assez grand nombre. Cet inconvénient s'est produit déjà, et se reproduira probablement encore, jusqu'à ce que les avantages de la vie militaire soient mieux connus et appréciés.

Dans ce cas, l'État a recours au mode de remplacement par voie administrative.

La caisse de la dotation de l'armée recevant la prime d'exonération, elle se charge naturellement de payer la somme due au remplaçant.

Cette somme et le mode du paiement, sont fixés par la commission supérieure indiquée par la loi du 26 avril 1855, art. 15.

Lorsqu'il y a lieu de recourir au mode de remplacement par voie administrative, un arrêté du ministre de la guerre l'autorise.

Cet arrêté est publié et affiché dans chaque commune.

Les maires et brigadiers de gendarmerie ouvrent un registre sur lequel sont inscrits les hommes qui se présentent pour remplacer.

Une liste des candidats, signée par eux (Voir la formule 59), est envoyée avec les pièces justificatives, au sous-intendant militaire chargé du recrutement, qui les convoque au chef-lieu du département.

Les remplaçants sont examinés, non plus par les conseils de révision, mais par une commission spéciale présidée par le général commandant le département.

Le remplaçant doit réunir toutes les conditions voulues par les lois et règlements sur la matière, art. 20 de la loi du 21 mars 1832, y compris un bulletin extrait des casiers judiciaires. Toutes ces pièces, *sauf le bulletin*, sont exemptes du timbre.

La portion du prix du remplacement qui, suivant l'arrêté du ministre de la guerre, doit être payée comptant, est soldée aussitôt après que le remplacement est contracté, par le proposé de la caisse des consignations.

CHAPITRE XVII.

NOTIONS GÉNÉRALES.

Des exclusions.

Le service militaire est une charge sans doute, mais c'est aussi une mission d'honneur. L'armée doit repousser de son sein tout individu flétri par la justice.

La loi du 10 mars 1818 excluait de l'armée les repris de justice et les vagabonds ou gens sans aveu, déclarés tels par jugement.

Mais il en résultait des abus. Ainsi, certains jeunes gens, aimant mieux se faire condamner pour vagabondage que de servir comme militaires, trouvaient par là le moyen d'échapper à la conscription.

Cet état de choses était un véritable scandale.

Aussi, la loi du 21 mars 1832 a-t-elle restreint cette exclusion aux jeunes gens qui ont été condamnés à des peines afflictives ou infamantes, ou à une peine correctionnelle de deux années d'emprisonnement et au-dessus, et qui, *en outre, ont été placés par le jugement sous la surveillance de la haute police, et interdits* de leurs droits civiques, civils et de famille.

Mais il a été décidé que cette exclusion ne s'appliquait pas au condamné par contumace, parce qu'il pouvait purger sa contumace et redevenir apte au service militaire.

De l'insoumission.

Tout jeune soldat qui, ayant reçu un ordre de route n'y aura pas obéi, sera poursuivi conformément aux lois, et condamné aux peines prévues par la loi du 21 mars 1832, art. 39 (un mois à un an d'emprisonnement). Ceux qui seront reconnus coupables d'avoir favorisé l'évasion d'un insoumis, de l'avoir caché ou pris à leur service, d'avoir retardé le départ de jeunes soldats, pourront être condamnés à un emprisonnement de six mois.

Des sursis de départ.

L'officier supérieur commandant la subdivision peut accorder des sursis de départ : 1° aux jeunes gens *présents à la revue* qui justifieront de la nécessité de leur séjour dans leurs foyers pour affaires d'intérêt ou de famille ; 2° aux jeunes gens *présents à la revue* qui justifieraient avoir besoin de quelques jours pour rétablir leur santé et se mettre en état de faire une longue route ; 3° aux jeunes soldats non présents à la revue, et qui justifieront de *motifs légitimes* qui les ont empêchés de se rendre au chef-lieu du département.

Pour ce dernier cas, il est *expressément interdit d'accorder un sursis de départ* au jeune soldat qui ne se sera pas présenté à la revue de l'officier général. La durée du sursis de départ est réglée par l'officier général.

Le général ne peut accorder de second sursis sans l'autorisation du général de division, qui ne peut y consentir que *pour cause de maladie, infirmités ou autre motif grave.*

Toute réclamation qui a pour objet de faire valoir des droits à l'exemption ou à la dispense, ne peut donner lieu à un sursis de départ, parce que les décisions du conseil de révision sont définitives ; mais l'officier général peut, sur l'avis du préfet, transmettre au général de division les pièces du jeune homme qui paraît lésé.

Le général de division en réfère au ministre de la guerre, s'il y a lieu.

Du devancement d'appel.

Les jeunes gens déclarés propres au service par le conseil de révision, ne peuvent devancer l'appel à l'activité, que lorsque le ministre de la guerre l'a autorisé, mais ce devancement n'est plus possible après l'incorporation.

Des omis.

Ceux qui auraient été omis sur les listes du tirage au sort doivent y être rétablis quand l'omission est découverte, pourvu qu'ils n'aient pas trente ans accomplis, que l'omission provienne d'erreur ou de fraude.

Mais les jeunes gens qui auraient réussi *par fraude* à se faire omettre, seront, ainsi que leurs complices, poursuivis et condamnés aux peines prévues par l'art. 38 de la loi du 22 mars 1852, et inscrits sur la liste du tirage à l'expiration de leur peine.

L'omis peut réclamer le bénéfice des exemptions prévues par les n°s 3, 4, 5, 6 et 7 de l'art. 13 de la loi du 21 mars 1832, lors même que ces exemptions ne seraient survenues que postérieurement à la clôture des listes du contingent de la classe.

De l a réserve (1).

La réserve se compose :

1° De tous les jeunes soldats des classes ou portions de classes non encore appelées à l'activité, disponibles dans leurs foyers, non compris ceux affectés au contingent de la marine ;

(1) Voir ci-après, page 135.

2° Des militaires des différents corps de l'armée renvoyés dans leurs foyers avec des congés illimités ou en congé provisoire; des libérables par anticipation ou comme soutiens de famille, en attendant l'époque de leur libération définitive.

La réserve est sous les ordres des officiers généraux commandant les divisions et subdivisions militaires.

Le militaire en congé illimité doit habiter le lieu qui lui a été assigné, et ne pas changer sans l'autorisation du commandant de gendarmerie de son canton, s'il doit rester dans le département; du général, s'il doit aller ailleurs (1).

Tout jeune soldat qui veut s'absenter de la commune est tenu d'adresser sa demande au maire, qui la transmet au préfet.

Du mariage des militaires.

Tout individu appartenant à l'armée, à quelque titre que ce soit, ne peut contracter mariage sans en avoir obtenu la permission de l'autorité militaire. Cette disposition est applicable aux soutiens de famille.

Il n'y a d'exception que pour les inscrits maritimes.

La demande doit être adressée par l'intermédiaire du maire de la commune où le jeune soldat est en résidence, s'il n'est pas au corps.

De l'inscription maritime.

L'inscription maritime a pour objet le recrutement de l'armée de mer. Elle est réglementée par la loi du

____

(1) Les maires, de leur côté, doivent veiller à ce que les individus qui habitent leur commune en congé illimité se rendent, quand il la quittent, à leur destination, et ils ne doivent pas leur délivrer de passe-port.

3 brumaire an IV, qui repose sur ce principe, que tous ceux qui se livrent à des professions maritimes, doivent leurs services à la marine de l'Etat si elle les réclame.

Ainsi, elle s'applique :

1° Aux marins de tout grade et profession navigant soit sur des bâtiments de l'État, soit sur des bâtiments de commerce, ceux qui font la navigation et pêche de mer, qui naviguent sur des pataches, alléges, etc. (*Voir suprà page* 76 et 77.)

Des gagistes.

Les musiciens gagistes doivent être liés au service ; il n'y a plus dans les corps, comme gagistes, que les maîtres ouvriers. L'engagement volontaire des gagistes n'a lieu que sur l'autorisation des inspecteurs généraux d'armes.

Tout gagiste qui contracte un engagement volontaire, est reçu à compter comme temps de service militaire celui qu'il aura passé sous les drapeaux en qualité de gagiste, mais seulement depuis l'âge de dix-huit ans.

De la taille.

Le minimum de taille pour être admis dans les armées de terre ou de mer est fixé à 1 m. 56 c.

Le *minimum* de taille exigé pour les différentes armes est fixé de la manière suivante, savoir :

Pour les carabiniers. 1ᵐ76
— les cuirassiers. 1ᵐ73
— l'artillerie 1ᵐ69

Pour les pontonniers . . . . 1^m69

— les dragons et lanciers . . . . 1^m76
— les ouvriers du génie. . . . . 1^m69
— les ouvriers d'artillerie. . . . . . . 1^m68
— le train des parcs d'artillerie . . . . 1^m68
— les ouvriers des équipages militaires. . 1^m66
— les chasseurs et hussards . . . . . 1^m66
— les chasseurs d'Afrique. . . . . . 1^m66
— le génie. . . . . 1^m66
— les sapeurs-pompiers de Paris. . . . 1^m61
— l'infanterie de ligne. . . . . 1^m56
— les chasseurs à pied. . . . . . . 1^m56
— les autres armes, ouvriers d'administration et infirmiers militaires. . . . . 1^m56

Le *maximum* pour les lanciers est de . . . 1^m74
Pour les chasseurs et hussards . . . . . 1^m72
Pour les chasseurs d'Afrique. . . . . . . 1^m74

Comme il y a ordinairement pénurie de maréchaux ferrants, selliers ou bourreliers, armuriers, tailleurs ou cordonniers, dans les armes spéciales, parce que les contingents annuels n'en offrent pas un nombre suffisant de la taille fixée, les hommes exerçant lesdites professions peuvent être désignés à la taille, savoir :

1^m70   pour les carabiniers.
1^m67   — les cuirassiers.

1^m65 { — les artilleurs.
— les pontonniers.
— les dragons et lanciers.

1^m62 { — les ouvriers du génie.
— les ouvriers d'artillerie.
— le train des parcs d'artillerie.
— les ouvriers des équipages militaires.
— le train des équipages.
— les chasseurs et hussards.
— le génie.

CHAPITRE XVIII.

DES AVANTAGES QUE PRÉSENTE LA CARRIÈRE MILITAIRE.

Dans la notice qui sert de préface à cette publication, nous avons manifesté l'espoir que, lorsque les avantages de la carrière militaire seraient mieux connus et appréciés, elle serait assurément recherchée.

Cela n'est pas douteux.

Il n'en est pas une, en effet, qui offre, surtout au pauvre sans instruction, les chances d'un avenir aussi sûr.

Autrefois, sous l'empire de la loi du 11 avril 1831, la retraite des sous-officiers et soldats était d'une regrettable insuffisance, et ne pouvait être acquise qu'après trente ans de service.

Mais la loi du 26 avril 1855 a, tout à la fois, et cela sans grever le trésor, puisque c'est la caisse de la dotation qui en fait les frais, augmenté de 165 fr. la retraite des sous-officiers et soldats, a réduit à vingt-cinq ans le temps de service nécessaire pour l'atteindre.

La retraite d'un simple soldat ne peut être aujourd'hui moindre de 365 fr. par an, soit de 1 fr. par jour, et peut s'élever à 558 fr.

Le droit au minimum est acquis par vingt-cinq années de services effectifs, sans autre condition.

La différence du minium au maximum est basée sur chaque année de service réel au-delà de vingt-cinq ans, et sur chaque année résultant de la supputation des campagnes.

Voici, au surplus, en minimum et maximum, le

tableau des retraites auxquelles ont droit les sous-officiers et soldats.

	Minimum.	Maximum.
Sergent-major et maréchal des logis chef.	465 f.	987 f.
Médaille militaire.	100	100
Croix de la Légion d'honneur (1)	150	150
Total.	715	1,048
Sergent ou maréchal des logis.	415	678
Médaille militaire.	100	100
Total.	515	778
Brigadier ou caporal.	385	606
Médaille militaire.	100	100
Total.	485	706
Simple soldat.	365	558
Médaille militaire.	100	100
Total.	465	658

Ainsi, voilà un jeune homme, parti sans ressources,
qui n'avait souvent que la misère en perspective, certain
d'avoir, en suivant la carrière militaire, une retraite dont
le chiffre égalera celui du traitement que recevait, il y
a quelques années, un juge de paix de campagne !

Quelle profession lui aurait produit cela après l'existence la plus laborieusement remplie ?... aucune, assurément.

Sans doute, tout simple soldat ne peut pas devenir
officier, ni compter sur la décoration ; il faut pour cela
des occasions. Mais tout le monde peut devenir sous-

(1) La pension à laquelle la croix donne lieu est de 250 fr.;
mais celui qui a tout à la fois la médaille et la croix, ne pouvant
cumuler, il doit être fait, à celui qui a l'une et l'autre, une
déduction de cent francs.

officier ; tout le monde, après un certain temps de service, peut compter sur la médaille militaire.

Tout le monde peut devenir sous-officier, car le jeune homme parti illettré, de son village, trouvera au régiment tous les moyens de s'instruire ; les cours seront même obligatoires, et s'il les suit assiduement, ses chefs ne tarderont pas à l'en récompenser par des grades proportionnés aux progrès qu'il aura faits.

Sous le rapport de la retraite, qui doit assurer l'aisance à ses vieux jours, le militaire n'a donc rien à désirer ; il trouvera plus d'aisance que n'importe lequel de ses camarades d'enfance.

Mais ce n'est pas tout ; voyons ce qu'il peut économiser en capital :

Il peut contracter, pour l'époque où son temps de service sera expiré, un *rengagement* de sept ans, moyennant une prime dont le taux varie chaque année, mais qu'on peut évaluer en moyenne à 2,000 fr., sur lesquels 1,000 fr. sont payés comptant. . . 1,000 fr. »

Au bout de sept ans, ces 1,000 fr., placés à raison de 5 pour 0/0, auront produit. . . . . 408 »

Le *rengagé* a droit en outre, pendant ces sept ans, à une prime de 10 centimes par jour pour *haute paie de rengagement*, soit à 3 fr. par mois.

Or, ces 3 fr., placés chaque mois à la caisse d'épargne à raison de 3 fr. 75 c. pour 0/0, donneront au bout de sept ans. 286 41

Total. . . . 1,694 41

Ce n'est pas encore tout : après sept années de service, les sous-officiers et soldats ont un droit de haute paie pour chevron jusqu'à trois chevrons , dont chacun est acquis après sept années de service, savoir :

	Grosse cavalerie.				Infanterie et cavalerie légère.
Sous-officier	1er chevron	15	centimes	—	10 cent.
—	2e	—	20	—	15
—	3e	—	25	—	20
Brig. et sold.	1er	—	12	Caporaux et soldats	8
—	2e	—	15	—	10
—	3e	—	20	—	15

Notre rengagé aura donc droit en outre à une haute paie pour premier chevron de 8 centimes par jour, si toutefois il est resté simple soldat, soit 2 fr. 40 c. par mois. Sur ces 2 fr. 40 c. le rengagé peut placer chaque mois à la caisse d'épargne 2 fr., qui lui donneront au bout de sept ans un capital de. . . . 190   94

A l'expiration de cette première période, il touchera la deuxième portion de la prime, soit. 1,000

Ces sommes, ajoutées à celle de 1,694 fr. 41

ci-dessus, donnent un chiffre total de. 2,885   35

A l'expiration de son premier rengagement, notre soldat aura donc conquis une petite fortune d'environ 3,000 fr.

TROIS MILLE FRANCS! Mais c'est une fortune pour quelqu'un qui n'avait rien... Aussi notre homme hésite-t-il ; il peut avec cette somme, monter un petit établissement, se marier, etc... Mais toute réflexion faite, il se dit : Le commerce offre des chances de perte, s'il offre des chances de gain... L'ouvrier a de bons moments, sans doute, mais il a aussi ses mauvais jours ; il est exposé à des chômages, des maladies, etc., et pendant ce temps-là, il faut nourrir la petite famille... Les économies s'en vont.

Or, puisque jusqu'ici le gouvernement m'a nourri ;

qu'il peut encore le faire, que mon argent se pelotonne si bien sans me donner d'embarras, j'aime autant continuer... et d'ailleurs, je deviendrai sous-officier, j'aurai la médaille... et si j'avais la croix! Dame!... mon capitaine était comme moi... pas plus que moi; il est bien devenu officier, et comme il est très-bon militaire, il pourrait bien devenir officier supérieur. — Continuons donc...

Il continue et contracte un deuxième rengagement de sept ans. — Il est alors, ne l'oublions pas, possesseur d'un capital de 2,885 fr. 35 c. — Ce capital, placé à 5 pour 0\0, lui produit, à l'expiration de son deuxième rengagement de sept ans, une somme totale de 4,057 fr. 35 c. . . . . 4,057 fr. 35

Notre homme a été remarqué, il est déjà sous-officier; il n'en peut certainement pas être autrement, ce qui lui donne droit à une haute paie de 15 centimes par jour pour second chevron, plus à 20 centimes par jour pour haute paie de rengagement. Total, 35 c., soit 10 fr. 50 c. par mois.

Sur ces 10 f. 50c., il peut placer chaque semaine, à la caisse d'épargne, 2 fr., qui, au bout de sept ans, donneront. . . . . 826 fr. 26
plus 2 fr. par mois (la caisse d'épargne n'acceptant pas de dépôt au-dessous d'un franc). Or, ces 2 fr. par mois donneront, au bout de sept ans, un capital de. . . 190 94
Les 2,885 fr. provenant du bénéfice du premier rengagement donnent alors, avec les intérêts capitalisés, une somme totale de. 4,057 35
A l'expiration du deuxième rengagement, la fortune du soldat s'élève donc à un total de. 5,074 55

Report. . . . . . . 5,074 fr. 55

Mais nous l'avons vu, il est sous-officier; il peut avoir la médaille militaire. Il contracte un dernier rengagement de quatre ans; il a droit à une haute paie de 20 cent. pour rengagement, plus à 20 cent. pour 3ᵉ chevron. Total, 40 cent., soit 3 fr. par semaine, qu'il peut placer à la caisse d'épargne. — Or, 3 fr. par semaine, placés à la caisse d'épargne, lui donneront, au bout de quatre ans 668 97

Si, en commençant cette troisième période, il a la médaille militaire, il peut en placer annuellement le produit, ce qui lui donnera au bout de quatre ans environ. 420 »

Les intérêts capitalisés des 5,074 f. 49 c. dont il est propriétaire au moment de son troisième rengagement s'élèveront à. 1,060 60

Il se trouverra donc, en quittant le service, à la tête d'un capital de (1). . . 7,224 12

Ces calculs sont rigoureux, sans doute; on n'y tient pas compte des dépenses de cantine. Mais nous supposons un soldat modèle d'ordre, vivant avec le sou de poche, sur lequel quelques-uns même font des économies. Or, un soldat de ce caractère ne restera pas longtemps limité au *sou de poche*, car il sera remarqué de ses chefs, et ne tardera pas à devenir caporal, sergent, sergent-major, officier s'il persiste...

Le soldat peut donc, en arrivant à sa retraite, avoir

(1) S'il est parti comme engagé volontaire à 17 ans, il aura pu économiser 3 fr. par semaine pendant 3 ans, de plus, soit 492 fr. 36 c. qui, ajoutés aux 7,224 fr. ci-dessus donneront environ 7,716 fr.

économisé un capital de près de 7,224 fr., qui lui donne
en rentes environ   360   »
   Avoir une retraite qui s'élèvera, avec la
croix, s'il l'obtient, à . . . .   1,048 »
                Total. . . . . . .   1,408 »
   C'est-à-dire, sauf quelques erreurs peut-être, mais
peu sérieuses, avec près de 1,500 fr. de rente (1).

Des résultats du remplacement par voie administrative.

Nous venons de voir les avantages qu'offre le service militaire au jeune soldat ou à l'engagé volontaire
partant à l'âge de dix-sept ans.

Il nous reste à signaler ceux que peuvent recueillir les
individus qui, exemptés par leur numéro, entrent dans
l'armée comme *remplaçants par voie administrative.*

Ils peuvent, comme le rengagé après libération,
amasser, par leur économie et la puissance de la capita-
lisation des intérêts, un capital de 7,224 fr.

Mais à ce capital il faut ajouter, pour le
remplaçant par voie administrative, le prix
de son traité, que nous évaluons en moyenne
à 2,000 fr. sur lesquels nous supposons
1,000 fr. payés comptant. Ces 1,000 fr., au
bout de vingt-cinq ans, donnent, avec les intérêts capitalisés à 5 p. 100.   3,248   »
   Enfin 1,000 f., qui seront payés à l'expiration du service, donneront, après vingt
ans, avec les intérêts.   2,545   »
                Total.   5,793   »

(1) Les exemples d'économies de ce genre dans l'armée ne sont pas
rares. Ainsi, un militaire digne de foi nous citait il y a quelques jours
un capitaine qui, par la seule puissance de l'économie et de la capitali-
sation, avait, tout en vivant honorablement avec les camarades, amassé
une fortune de 25,000 fr. Nous pouvons citer un autre exemple, qui est
à notre connaissance personnelle : le capitaine Ferré, parti soldat,
sans fortune, d'Yvré-l'Évêque, et mort glorieusement à *Solferino*, a
laissé à sa famille un capital de plus de douze mille francs.

Report. . . . . . 5,793 »

Ajoutez à cela le produit des divers rengagements qu'il peut contracter après l'expiration de ses sept premières années de service et qui d'après le décompte qui précède peuvent s'élever à 7,224 12

En tout, sauf erreur de calcul, nous aurons un total général de. 13,017 12

Le remplaçant par voie administrative peut donc, à quarante-cinq ans, en quittant le service, avoir à lui, en sus des avantages de la retraite, de la médaille, de la croix peut-être, un capital de *plus de treize mille francs.*

C'est-à-dire, une fortune, y compris la retraite et la médaille, de *dix-sept cents francs de rente !*

S'il meurt au service, ses héritiers ont droit au capital et intérêts acquis dans la proportion du temps de service effectué.

Sa veuve, s'il est marié, a droit au quart de la pension, sans que le chiffre puisse être inférieur à 100 fr.!

Ce n'est pas encore tout, cependant.

Le militaire, au cours de son service, a pris des habitudes d'ordre et de discipline, conquis des droits à ces positions dans lesquelles il faut avoir tout à la fois le sentiment de l'autorité et de l'obéissance hiérarchiques.

C'est donc aux rengagés surtout que devra profiter le bénéfice de l'art. 2 de la loi du 5 juillet 1850, qui veut qu'il soit réservé aux anciens militaires une portion des emplois publics vacants , suivant leur aptitude ; et ils seront recherchés assurément, soit comme commissaires de police, soit comme gardes champêtres. Ils ne le seront pas moins également par les particuliers, comme directeurs de travaux, comme gardes, employés de grandes entreprises, chemins de fer par exemple ; partout ils rendront des services. Bien accueillis de l'autorité, ils rencontreront en tous lieux l'estime et la déférence des populations, dont ils seront avant tout les conseils, et vivront dans une grande aisance.

Ces avantages, avec ceux que nous venons de signaler ci-dessus, leur donneront de *trois ou quatre mille francs de rente.*

CHAPITRE XIX.

RÈGLEMENT DU 9 JANVIER 1861, SUR L'ORGANISATION DE LA RÉSERVE.

M. le maréchal Randon, ministre de la guerre, vient, par une circulaire du 10 janvier, de porter à la connaissance des maréchaux commandant les corps d'armée, des généraux commandant les divisions et les subdivisions territoriales et actives, des préfets, des intendants militaires, des chefs de corps de toutes armes, etc., les dispositions arrêtées par l'Empereur pour le recrutement de l'armée de terre, et relatives à la réunion dans les dépôts d'instruction des jeunes soldats de la deuxième portion du contingent.

D'après ces dispositions, le contingent annuel de chaque classe sera appelé à l'activité en totalité.

Les jeunes soldats, après avoir été immatriculés conformément aux prescriptions de la loi du 21 mars 1832, au titre des corps auxquels ils auront été affectés suivant leur aptitude, seront divisés en deux portions, comprenant :

La première portion, les jeunes soldats immédiatement nécessaires au recrutement de l'armée active ;

La deuxième portion, les jeunes soldats qui seront renvoyés provisoirement dans leurs foyers en vertu de congés.

Les jeunes soldats de la première portion du contingent seront dirigés, comme par le passé, sur les dépôts de leurs corps, pour y être habillés et équipés, et y recevoir les premières notions de l'instruction militaire. Ils seront ensuite répartis dans les bataillons actifs.

Quant aux jeunes soldats de la deuxième portion, ils seront soumis à des règles spéciales, et il sera procédé à leur égard de la manière suivante :

Pour *l'infanterie*, il sera placé un ou plusieurs dépôts d'instruction par département, selon l'importance du contingent annuel de ce département et les ressources du casernement (1).

Après le départ des jeunes soldats destinés aux bataillons actifs, les jeunes soldats *de la deuxième partie du contingent* seront rassemblés, pendant le temps des semestres, du 1er octobre au 1er avril, dans l'un des dépôts d'instruction établis dans leur département, pour y être exercés, la première année, pendant trois mois, après lesquels ils seront renvoyés provisoirement en congé dans leurs foyers.

La deuxième année, ils seront rappelés dans les dépôts, pour y être exercés de nouveau pendant deux mois, et la troisième année pendant un mois.

Après la troisième année, ils demeureront assujettis aux appels semestriels prescrits par l'instruction du 15 avril 1857.

Pendant leur réunion dans les dépôts, les jeunes soldats de la deuxième portion du contingent recevront les prestations journalières attribuées aux soldats de leur arme, et l'indemnité de route pour aller et retour.

Ils recevront, en outre, à leur arrivée dans les dépôts, des effets d'habillement, de grand et de petit équipement.

A leur départ pour aller en congé dans leurs foyers, ils

(1) Lorsqu'il n'existera pas de casernement au chef-lieu, les jeunes soldats seront dirigés, en vertu d'ordres spéciaux, sur une ville du même département, ou même d'un département voisin, où se trouve le dépôt d'instruction qui leur est assigné.

Un état de répartition, annexé à la circulaire, donne la liste des villes chefs-lieux et autres où sont casernés les dépôts d'instruction, emporteront certains effets qu'ils seront tenus de conserver jusqu'à leur libération du service.

Les autres effets resteront au dépôt.

Les jeunes soldats, pendant le temps d'instruction, seront administrés par les soins des dépôts d'infanterie, mais distinctement, sans confusion, ni centralisation de leurs dépenses avec celles du corps proprement dites.

Les effets d'habillement, de grand et de petit équipement nécessaires aux jeunes soldats seront fournis *tout confectionnés* par les magasins centraux.

L'armement nécessaire sera fourni, comme à l'ordinaire, par les établissements de l'artillerie.

Pour conserver aux dépôts d'infanterie toute la mobilité désirable, les objets affectés aux jeunes soldats de la deuxième portion du contingent seront, dans chaque département, réunis dans des magasins spéciaux et confiés à la surveillance du commandant du dépôt de recrutement.

Les commandants des dépôts de recrutement seront chargés de pourvoir à l'habillement, à l'équipement et à l'armement de ces hommes, ainsi qu'à la conservation et à l'entretien des armes et des effets qu'ils laisseront en partant pour rentrer dans leurs foyers.

Les jeunes soldats de la première partie du contingent, destinés aux armes spéciales (*cavalerie* et *artillerie*), seront réunis pour leur instruction élémentaire au corps de leur arme le plus à proximité, et, autant que possible, pendant le temps des semestres.

Ils seront soumis d'ailleurs à toutes les obligations imposées aux hommes de la deuxième portion appartenant à l'infanterie.

Ils recevront les prestations de leur arme, et, en outre, des effets d'habillement, de grand et de petit équipement.

Les hommes destinés au *génie* seront réunis à ceux de l'infanterie.

Hors du temps pendant lequel les jeunes soldats seront réunis pour leur instruction, ils continueront d'être administrés, *sous le rapport du recrutement,* par le dépôt de recrutement de leur département.

Les dispositions qui précèdent doivent, dès à présent,

4*

être appliquées aux jeunes soldats de la deuxième portion du contingent de la classe de 1859, qui se trouve encore dans ses foyers.

En conséquence, ces jeunes soldats seront convoqués, comme l'ont été ceux de la portion déjà appelée à l'activité, au moyen d'ordres de route établis par les sous-intendants militaires : leur réunion devra s'effectuer le 1ᵉʳ février 1861.

Les commandants des dépôts de recrutement établiront un livret individuel au nom de chaque jeune soldat.

Les imprimés de livrets individuels seront remis à l'avance par les corps aux commandants des dépôts de recrutement.

Ces commandants dresseront une liste nominative des jeunes soldats, et la remettront aux dépôts d'instruction.

Lorsque le dépôt d'instruction d'un département sera placé dans une ville autre que le chef-lieu, les jeunes soldats seront directement convoqués et réunis, non au chef-lieu, mais à la ville où se trouvera le dépôt d'instruction et où aura été détaché préalablement un officier de recrutement. C'est également dans cette dernière ville que seront transportés et distribués, par les soins du commandant du dépôt de recrutement, les effets d'habillement et d'équipement. C'est là que devront être délivrés les livrets individuels préparés à l'avance avec les inscriptions relatives à l'état civil.

L'armement sera directement envoyé au dépôt d'instruction.

Les inscriptions concernant la distribution des effets d'habillement, d'équipement et d'armement seront faites sur place.

Un second état, également joint à la circulaire, fait connaître les dépôts d'instruction dans lesquels devront être réunis les jeunes soldats affectés aux armes de la *cavalerie* et de l'*artillerie*.

Lorsque ces dépôts ne seront pas au chef-lieu du département, il sera procédé de la manière indiquée ci-dessus pour l'arme de l'infanterie.

Après l'admission des jeunes soldats aux dépôts d'instruction, les généraux divisionnaires feront parvenir à MM. les maréchaux commandant les corps d'armée un rapport détaillé sur les diverses opérations accomplies dans leurs divisions respectives. MM. les maréchaux transmettront ces rapports au ministre, avec leurs observations personnelles.

CHAPITRE XX.

FORMULES.

DÉPARTEMENT d   Modèle N° 24.
Canton d
Commune d

CERTIFICAT délivré, conformément à l'article 20 de la loi du 21 mars 1832, à un jeune homme qui a déclaré vouloir servir dans les armées comme engagé volontaire.

Nous, soussigné,   , maire de la commune d   , canton d   , département d

Attestons : 1° que le sieur *(nom et prénoms)*, fils de et de   , domiciliés à   , canton d   , département d   , ainsi qu'il résulte de son acte de naissance dûment légalisé; cheveux   , sourcils   , yeux   , front   , nez   , bouche   , menton   , visage   , teint   , marques particulières,   , taille d'un mètre   millimètres, est *ou* a été domicilié dans ladite commune d depuis le *(date et millésime en toutes lettres)* jusqu'à *(date et millésime en toutes lettres)*;

2° Qu'il jouit de ses droits civils;

3° Qu'il n'a jamais été condamné à une peine correctionnelle pour vol, escroquerie, abus de confiance ou attentat aux mœurs;

4° Qu'il n'est ni marié ni veuf avec enfants.

En foi de quoi nous lui avons délivré le présent certificat.

Fait à   *(date et millésime en toutes lettres)*.

(Cachet de la mairie.)

Le Maire,

Vu pour la légalisation de la signature de M.
maire de la commune d   ,

         Le Sous-Préfet de l'arrondissement,

Vu pour la légalisation de la signature de M.
sous-préfet de l'arrondissement d   ,

         Le Préfet du département,

DÉPARTEMENT d   MODÈLE N° 25.
CANTON d
COMMUNE d

CERTIFICAT de trois pères de famille domiciliés dans le canton, pour établir les droits d'un jeune homme à l'exemption, comme aîné d'orphelins de père et de mère. (Article 13 de la loi du recrutement, § 3.)

Nous, soussignés,
pères de jeunes gens soumis à l'appel, ou qui, ayant été appelés,
sont encore liés au service,

Certifions que le nommé

        , né le

fils de feu   et de

feu   , inscrit sur la liste du tirage sous
le numéro   , et désigné par le sort pour
concourir à la formation du contingent de la classe de 18   ,
n'a pas de frère plus âgé que lui et qu'il est l'aîné de
enfants orphelins, comme lui, de père et de mère, et qui sont
actuellement vivants, savoir :

       1°   né le
       2°   né le
       3°   né le
       4°   né le
       5°   né le

Fait à   , le   , sur
la demande de

-Vu par le sous-préfet de l'ar-   Approuvé par nous, maire de
rondissement d   la commune. A , le 18 .

DÉPARTEMENT d   MODÈLE N° 26.
CANTON d
COMMUNE d

CERTIFICAT de trois pères de famille domiciliés dans le canton, pour établir les droits d'un jeune homme à l'exemption, comme étant   d'une femme actuellement veuve. (Article 13 de la loi du recrutement, § 4.)

Nous, soussignés,
pères de jeunes gens soumis à l'appel, ou qui, ayant été appelés, sont encore liés au service,
    Certifions que le nommé
né le   , fils de feu
                  , inscrit sur la liste du tirage sous le
numéro   , et désigné par le sort pour concourir à la formation du contingent de la classe de 18   ,
    1° Est le   de dame
                 , veuve dudit   ,
père du sieur
    2° Que ladite dame   est
toujours veuve.
    Fait à   , le   , sur
la demande de

Vu par le sous-préfet de l'ar-   Approuvé par nous, maire de
rondissement d   la commune. A ,le 18 .

DÉPARTEMENT d   MODÈLE N° 27.
CANTON d
COMMUNE d

CERTIFICAT de trois pères de famille domiciliés dans le canton, pour établir les droits d'un jeune homme à l'exemption, comme   d'une femme actuellement veuve. (Article 13 de la loi du recrutement, § 4.)

Nous, soussignés,
pères de jeunes gens soumis à l'appel, ou qui, ayant été appelés, sont encore liés au service,

Certifions que le nommé   ,
né le   , inscrit sur la liste du tirage sous
le numéro   , et désigné par le sort pour concourir
à la formation du contingent de la classe de 18 ,
    1° Est   de dame
          , veuve de   , grand-père du
sieur   , laquelle n'a ni fils, ni gendre,
et est toujours veuve.
    Fait à   , le   , sur
la demande de

Vu par le sous-préfet de l'ar-   Approuvé par nous, maire de
rondissement d   la commune. A ,le 18 .

DÉPARTEMENT d   MODÈLE N° 28.
CANTON d
COMMUNE d

CERTIFICAT de trois pères de famille domiciliés dans le canton, pour établir les droits d'un jeune homme à l'exemption, comme   d'un père aveugle. (Article 13 de la loi du recrutement, § 4.)

    Nous, soussignés,
pères de jeunes gens soumis à l'appel, ou qui, ayant été appelés,
sont encore liés au service,
    Certifions que le nommé
né le   ; inscrit sur la liste du tirage sous
le numéro   ; et désigné par le sort pour concourir
à la formation du contingent de la classe de 18 ,
    Est   du sieur
        , notoirement aveugle
    Fait à   , le   , sur
la demande de

Vu par le sous-préfet de l'ar-   Approuvé par nous, maire de
rondissement d   la commune. A ,le 18 .

DÉPARTEMENT d   MODÈLE N° 29.
CANTON d
COMMUNE d

CERTIFICAT de trois pères de famille domiciliés dans le canton, pour établir les droits d'un jeune homme à l'exemp-

tion, comme   *d'un père aveugle. (Article 13 de*
la loi du recrutement, § 4.)

Nous, soussignés,
pères de jeunes gens soumis à l'appel, ou qui, ayant été appelés,
sont encore liés au service,
    Certifions que le nommé
né le   , inscrit sur la liste du tirage sous
le numéro   , et désigné par le sort pour concourir
à la formation du contingent de la classe de 18   ,
    Est   du sieur   ,
lequel est notoirement aveugle et n'a ni fils ni gendre.
    Fait à   , le   , sur
la demande de

Vu par le sous-préfet de l'ar-   Approuvé par nous, maire de
    rondissement d   la commune. A , le 18 .

DÉPARTEMENT d   MODÈLE N° 30.
CANTON d
COMMUNE d

*CERTIFICAT de trois pères de famille domiciliés dans le
canton, pour établir les droits d'un jeune homme à l'exemption, comme   d'un père entré dans sa
soixante-dixième année. (Article 13 de la loi du recrutement, § 4.)*

Nous, soussignés,
pères de jeunes gens soumis à l'appel, ou qui, ayant été appelés,
sont encore liés au service,
    Certifions que le nommé
né le   , inscrit sur la liste du tirage sous
le numéro   , et désigné par le sort pour concourir
à la formation du contingent de la classe de 18   ,
    Est   du sieur
              , lequel est entré dans sa soixante-dixième année,
étant né le
    Fait à   , le   , sur
la demande de

Vu par le sous-préfet de l'ar-   Approuvé par nous, maire de
    rondissement d   la commune. A , le 18 .

DÉPARTEMENT d   MODÈLE N° 31.
CANTON d
COMMUNE d

CERTIFICAT de trois pères de famille domiciliés dans le canton, pour établir les droits d'un jeune homme à l'exemption, comme   d'un père entré dans sa soixante-dixième année. (Article 13 de la loi du recrutement, § 4.)

Nous, soussignés,
pères de jeunes gens soumis à l'appel, ou qui, ayant été appelés, sont encore liés au service,
     Certifions que le nommé
né le   , inscrit sur la liste du tirage sous le numéro   , et désigné par le sort pour concourir à la formation du contingent de la classe de 18   ,
     Est   du sieur
          , lequel est entré dans sa soixante-dixième année, étant né le   , et n'a ni fils ni gendre.
     Fait à   , le   , sur la demande de

Vu par le sous-préfet de l'ar-   Approuvé par nous, maire de
rondissement d   la commune. A   , le   18   .

DÉPARTEMENT d   MODÈLE N° 32.
CANTON d
COMMUNE d

CERTIFICAT de trois pères de famille domiciliés dans le canton, pour établir les droits d'un jeune homme à l'exemption, comme puîné d'orphelins de père et de mère. (Article 13 de la loi du recrutement, § 4.)

Nous, soussignés,
pères de jeunes gens soumis à l'appel, ou qui, ayant été appelés, sont encore liés au service,

Certifions que le nommé   ,
né le   , fils de feu   ,
                              et de feue
inscrit sur la liste du tirage sous le numéro   , et
désigné par le sort pour concourir à la formation du contingent
de la classe de 18   ,
    1° Est le frère puîné d
orphelin comme lui de père et de mère;
    2° Qu'il n'a pas d'autre frère plus âgé que lui;
    3° Que son frère aîné est notoirement
    Fait à   , le   , sur la
demande de

Vu par le sous-préfet de l'ar-   Approuvé par nous, maire de
    rondissement d   la commune. A   , le   18 .

DÉPARTEMENT d   MODÈLE N° 33.
CANTON d
COMMUNE d

*CERTIFICAT de trois pères de famille domiciliés dans le
canton, pour établir les droits d'un jeune homme à l'exemption, comme fils puîné d'une femme actuellement veuve.
(Article 13 de la loi du recrutement, § 4.)*

    Nous, soussignés,
pères de jeunes gens soumis à l'appel, ou qui, ayant été appelés,
sont encore liés au service,
    Certifions que le nommé   ,
né le   ', inscrit sur la liste du tirage sous
le numéro   , et désigné par le sort pour concourir
à la formation du contingent de la classe de 18   ,
    1° Est le frère puîné d
    2° Qu'il est, comme son frère aîné, fils de la dame
                                  , laquelle est toujours veuve
et n'a pas d'autre fils plus âgé que ceux dénommés ci-dessus;
    3° Que son frère aîné est notoirement
    Fait à   , le   , sur
la demande de

Vu par le sous-préfet de l'ar-   Approuvé par nous, maire de
    rondissement d   la commune. A   , le   18 .

DÉPARTEMENT d   MODÈLE N° 34.
CANTON d
COMMUNE d

CERTIFICAT de trois pères de famille domiciliés dans le canton, pour établir les droits d'un jeune homme à l'exemption, comme petit-fils puîné d'une femme actuellement veuve. (Article 13 de la loi du recrutement, § 4.)

Nous, soussignés,
pères de jeunes gens soumis à l'appel, ou qui, ayant été appelés, sont encore liés au service,

Certifions que le nommé
né le   , inscrit sur la liste du tirage
sous le numéro   , et désigné par le sort pour concourir à la formation du contingent de la classe de 18   ,

     1° Est le frère puîné d

     2° Qu'il est, comme son frère aîné, petit-fils de la dame   , laquelle est toujours veuve et n'a ni fils, ni gendre, ni petit-fils plus âgé que ceux dénommés ci-dessus ;

     3° Que son frère aîné est notoirement

Fait à   , le   , sur la demande de

Vu par le sous-préfet de l'ar-   Approuvé par nous, maire de
rondissement d   la commune. A   , le   18 .

DÉPARTEMENT d   MODÈLE N° 35.
CANTON d
COMMUNE d

CERTIFICAT de trois pères de famille domiciliés dans le canton, pour établir les droits d'un jeune homme à l'exemption, comme fils puîné d'un père   (Article 13 de la loi du recrutement, § 4.)

Nous, soussignés,
pères de jeunes gens soumis à l'appel, ou qui, ayant été appelés, sont encore liés au service,

Certifions que le nommé
né le   , inscrit sur la liste du tirage

sous le numéro   , et désigné par le sort pour
concourir à la formation du contingent de la classe de 18   ,
    1° Est le frère puîné d
    2° Qu'il est, comme son frère aîné, fils d
                        , lequel est   et n'a
pas d'autre fils plus âgé que ceux dénommés ci-dessus;
    3° Que son frère aîné est notoirement
    Fait à   , le   , sur
la demande de

Vu par le sous-préfet de l'ar-   Approuvé par nous, maire de
    rondissement d   la commune. A   , le   18 .

DÉPARTEMENT d   MODÈLE N° 36.
CANTON d
COMMUNE d

*CERTIFICAT de trois pères de famille domiciliés dans le
canton, pour établir les droits d'un jeune homme à l'exemption, comme étant le plus âgé de deux frères appelés à faire
partie du même tirage, et désignés tous deux par le sort.
(Article 13 de la loi du recrutement, § 5.)*

Nous, soussignés,
pères de jeunes gens soumis à l'appel, ou qui, ayant été appelés,
sont encore liés au service,
    Certifions que le nommé ·   ,
né le   , inscrit sur la liste du tirage sous
le numéro   , et désigné par le sort pour concourir
à la formation du contingent de la classe de 18   ,
    Est le frère aîné de   , né
le   , aussi désigné par le sort
dans le même tirage, sous le numéro
    Fait à   , le   , sur
la demande de

Vu par le sous-préfet de l'ar-   Approuvé par nous, maire de
    rondissement d   la commune. A   , le   18 .

DÉPARTEMENT d   MODÈLE N° 37.
CANTON d
COMMUNE d

*CERTIFICAT de trois pères de famille domiciliés dans le
canton, pour établir les droits d'un jeune homme à l'exemp-*

tion, comme ayant un frère sous les drapeaux, à tout autre titre que pour le remplacement. (Article 13 de la loi du recrutement, § 6.)

Nous, soussignés,

pères de jeunes gens soumis à l'appel, ou qui, ayant été appelés, sont encore liés au service,

Certifions que le nommé

né le   inscrit sur la liste du tirage

sous le numéro   , et désigné par le sort pour

concourir à la formation du contingent de la classe de 18   ,

    1° Est frère de

présentement

lié au service, non en qualité de remplaçant, mais comme

               , et sur la position duquel il fonde

sa réclamation;

    2° Et que la position de chacun des frères du sieur

       , sous le rapport du recrutement, est telle que l'indique le tableau ci-après :

PRÉNOMS DES FRÈRES.	DATE de leur NAISSANCE.	CLASSE AU TIRAGE de laquelle ils ont concouru.	POSITION de CHACUN DES FRÈRES sous le rapport du recrutement.	OBSERVATIONS.
1	2	3	4	5

Fait à   , le   , sur

la demande de

Vu par le sous-préfet de l'arrondissement d   Approuvé par nous, maire de la commune. A   , le   18 .

DÉPARTEMENT de   Modèle N° 38.
CANTON de
COMMUNE de

CERTIFICAT de trois pères de famille domiciliés dans le canton, pour établir les droits d'un jeune homme à l'exemption, comme frère d'un militaire   (Article 13 de la loi du recrutement, § 7.)

Nous, soussignés,
pères de jeunes gens soumis à l'appel, ou qui, ayant été appelés, sont encore liés au service,
Certifions que le nommé
né le   , inscrit sur la liste du tirage sous le numéro   , et désigné par le sort pour concourir à la formation du contingent de la classe de 18   ,
    1° Est frère de
                   et sur lequel il fonde sa réclamation ;
    2° Et que la position de chacun des frères du sieur
            , sous le rapport du recrutement, est telle que l'indique le tableau ci-après :

PRÉNOMS DES FRÈRES.	DATE de leur NAISSANCE.	CLASSE ou TIRAGE de laquelle ils ont concouru.	POSITION de CHACUN DES FRÈRES sous le rapport du recrutement.	OBSERVATIONS.
1	2	3	4	5

Fait à   , le   sur la demande de

Vu par le sous-préfet de l'arrondissement d   Approuvé par nous, maire de la commune. A   le   18

5

DÉPARTEMENT d   MODÈLE N° 39.
CANTON d
COMMUNE d

CERTIFICAT de trois pères de famille domiciliés dans le canton, pour établir les droits d'un jeune homme à l'exemption, comme petit-fils puîné d'un père   (Article 13 de la loi du recrutement, § 4.)

Nous, soussignés,
pères de jeunes gens soumis à l'appel, ou qui, ayant été appelés, sont encore liés au service,
Certifions que le nommé
né le   inscrit sur la liste du tirage sous
le numéro   , et désigné par le sort pour
concourir à la formation du contingent de la classe de 18   ,
   1° Est le frère puîné d
   2° Qu'il est, comme son frère aîné, petit-fils d
                   , lequel est
                  et n'a *ni fils, ni gendre, ni petit-fils plus âgés que ceux dénommés ci-dessus;*
   3° Que son frère aîné est notoirement
Fait à   , le   sur
la demande de

Vu par le sous-préfet de l'ar-   Approuvé par nous, maire de
rondissement d   la commune. À   le   18 .

DÉPARTEMENT d   , etc.   MODÈLE N° 40.

RECRUTEMENT.

CLASSE DE

ENGAGEMENT décennal à contracter par un instituteur pour l'exemption du service militaire.

Je, soussigné,
né à   département d
le

(indiquer la qualité du dispensé, s'il est instituteur adjoint, la commune où il réside, la date de la décision du recteur ou de la nomination du supérieur, et l'indication du traitement qu'il reçoit; — s'il est élève-maître, dans quelle école il accomplit son stage, ou à quelle école normale il appartient; — s'il est membre ou novice d'une congrégation religieuse, de quelle

*congrégation il fait partie et depuis quelle époque; — s'il est
élève de l'école normale supérieure, maître d'études, régent ou
professeur d'un collége ou d'un lycée, la date de l'arrêté minis-
tériel qui lui a conféré une de ces qualités*), atteint par la loi du
21 mars 1832 sur le recrutement de l'armée, et compris dans
la classe de   , déclare contracter devant M. le recteur
de l'académie de   , conformément à l'article 79
de la loi du 15 mars 1850, l'engagement de me vouer pendant
dix ans à l'enseignement public.

Fait à   , le   18

(*Signature.*)

Vu pour la légalisation de la signature de M.
apposée ci-dessus.

A   , le   18

Le Maire,

---

*CONSENTEMENT du père ou du tuteur de l'instituteur qui
contracte l'engagement décennal.*

Je, soussigné,
demeurant à   , département d
autorise par les présentes M.   (*nom, prénoms, qualité,
résidence*), mon fils (*ou pupille*), à contracter devant M. le recteur de l'académie de   , conformément à l'article 79 de la loi du 15 mars 1850, l'engagement de se vouer
pendant dix ans à l'enseignement public.

Fait à   , le   18

(*Signature.*)

Vu pour la légalisation de la signature de M.
apposée ci-dessus.

A   , le   18

Le Maire.

DÉPARTEMENT d   , etc.   Modèle N° 41.

RECRUTEMENT.

DISPENSÉS.

*DÉCLARATION d'un jeune homme qui renonce au bénéfice
de la dispense.*

Le soussigné, désigné par le n°   pour faire partie
du contingent cantonal de   pour la classe

de   , mais compté en déduction du contingent en qualité de (*membre de l'instruction publique, élève ecclésiasteque, etc.*), déclare par le présent cesser de
et par suite renoncer au bénéfice de la dispense, conformément à l'article 14 de la loi du 21 mars 1832, et demande qu'il lui soit délivré une expédition de la présente déclaration pour être soumise au visa du préfet du département, dans le délai d'un mois.

DÉPARTEMENT d   , etc.   MODÈLE N° 44.

RECRUTEMENT.

ENGAGEMENTS VOLONTAIRES.

CERTIFICAT délivré en exécution de l'article 20 *de la loi du* 21 *mars* 1832, *et constatant l'identité d'un jeune homme qui demande à servir dans les armées comme engagé volontaire.*

Nous, soussigné,
maire de la commune d
canton d   , département d
attestons, d'après les preuves et témoignages qui nous ont été donnés par des personnes dignes de foi,

1° Que le sieur
cheveux   , sourcils   , yeux   ,
front   , nez   , bouche   , menton   , visage   , teint   , marques particulières   , taille d'un mètre   millimètres, est le même individu que celui auquel se rapporte l'acte de naissance dressé le   par l'officier de l'état civil de la commune d   , canton d   , département d
(*ou bien* : le congé de libération du service, délivré par le conseil d'administration du   e régiment de   , sous la date du   ), et duquel il résulte que ledit sieur   , est né le   (*en toutes lettres*), qu'il réside dans ladite commune d   depuis   jusqu'à ce jour ;

2° Que, d'après les mêmes preuves et témoignages, il jouit de ses droits civils ;

3° Qu'il n'est ni marié, ni veuf avec enfants ;

4° Qu'il n'a jamais été condamné à une peine correctionnelle

pour vol, escroquerie, abus de confiance ou attentat aux mœurs.
En foi de quoi, nous lui avons délivré le présent certificat.
Fait à   , le   18   .

Le Maire,

(*Cachet de la mairie.*)

DÉARTEMENT d   , etc.   MODÈLE N° 45.

RECRÙTEMENT.

ENGAGEMENTS VOLONTAIRES.

ACTE d'engagement volontaire.

L'an mil huit cent   , le   ,
à   heures du   , s'est présenté devant nous, maire *ou*
adjoint de la commune d   , chef-lieu de canton,
arrondissement d   , département d   ,
Le sieur   , âgé de   ,
exerçant la profession de   (*si l'engagé a déjà*
servi, spécifier, d'après sa déclaration, à la suite de l'indication
de sa profession, en quelle qualité et dans quel corps) , domicilié
à   , canton d   ,
arrondissement d   , département d   ,
fils de   et de   ,
domiciliés à   , canton d   ,
département d   ; cheveux   , sourcils   , front   , yeux   , nez   ,
bouche   , menton   , visage
(*indiquer ici les marques particulières*) , taille d'un mètre
            millimètres,
Lequel, assisté du sieur (*nom et prénoms du premier temoin*),
âgé de   , exerçant la profession de   ,
domicilié à   , canton d   , arrondissement d   , département d   ,
Et du sieur (*nom et prénoms du deuxième témoin*), âgé de
            , exerçant la profession de   , domicilié
à   , canton d   , arrondissement
d   , département d   , appelés
l'un et l'autre comme témoins, conformément à la loi ;
A déclaré vouloir s'engager dans l'armée française.
A cet effet, et après nous avoir fait la déclaration :
1° Qu'il n'est ni marié, ni veuf avec enfants ;
2° Qu'il n'est lié au service ni comme appelé ou substituant,

ni comme engagé volontaire ou rengagé, ni comme remplaçant ou inscrit maritime;

Ledit sieur (*nom et prénoms de l'engagé*) nous a présenté :

1° Un certificat délivré sous la date du , par (*nom, grade et corps de l'autorité militaire signataire du certificat*), et constatant que ledit sieur (*nom de l'engagé*) n'est atteint d'aucune infirmité; qu'il a la taille et les autres qualités requises pour être reçu dans l'armée, et qu'il peut être dirigé sur (*désignation du corps*) ;

2° Son acte de naissance (*si ce n'est pas un acte de naissance que l'engagé produit, on énoncera le titre qu'il présentera, conformément à l'article 46 du Code Napoléon*), constatant qu'il est né le (*indication du jour, du mois et de l'année de la naissance en toutes lettres*), à , canton d , arrondissement d , département d ;

3° Un certificat de bonnes vie et mœurs délivré sous la date du , par le maire de (*indiquer la commune*), conformément à l'article 20 de la loi du 21 mars 1832, et constatant :

Que ledit sieur (*nom de l'engagé*), jouit de ses droits civils ;

Qu'il n'a jamais été condamné à une peine correctionnelle pour vol, escroquerie, abus de confiance ou attentat aux mœurs;

4° (*Si l'engagé a moins de vingt ans, on indiquera, sous ce numéro, le consentement qu'il est tenu de produire, conformément à la loi*) ;

5° (*On indiquera, sous ce numéro, les autres pièces que l'engagé qui aura déjà servi devra produire, conformément à l'article 10 de l'ordonnance du 28 avril 1832, sur les engagements, pour justifier qu'il est dégagé de toute obligation*) ;

6° Les pièces dont le détail suit (*si l'engagé se destine aux compagnies de vétérans, on indiquera ici, en exécution des ordonnances des 17 novembre et 10 décembre 1835 : 1° les pièces produites pour justifier de quinze ans de services ; 2° le corps dans lequel il aura été libéré en dernier lieu, et la date de la libération d'après le congé ou le titre qui en tiendra lieu ; 3° la date du certificat de bonne conduite délivré par le corps où il servait en dernier lieu*).

Nous, maire du chef-lieu du canton d , après avoir reconnu la régularité des pièces produites par le sieur (*nom et prénoms de l'engagé*), nous lui avons donné lecture :

1° Des articles 2, 31, 32, 33, 34 de la loi du 21 mars 1832;

2° Des articles 16 et 17 de l'ordonnance royale du 28 avril 1832, lesquels ordonnent de faire conduire de brigade en brigade, par la gendarmerie, les engagés volontaires trouvés hors

de la route qui leur est tracée, et de poursuivre comme insoumis ceux qui ne se rendent pas à leur destination dans les délais prescrits ;

3° De l'article 1er de l'ordonnance royale du 15 janvier 1837,
d'après lequel les engagés volontaires doivent contracter, sous le
rapport de leur incorporation dans l'armée, les mêmes obligations que celles imposées aux jeunes soldats appelés sous les
drapeaux par la loi du recrutement, et seront, par conséquent,
toujours susceptibles d'être changés de corps, sans distinction
d'arme, toutes les fois que l'autorité militaire le prescrira.

Après quoi nous avons reçu l'engagement du sieur (*nom et
prénoms de l'engagé*),

Lequel a promis de servir avec fidélité et honneur, pendant
sept ans, durée de l'engagement volontaire, aux termes de l'article 33 de la loi du 21 mars 1832, et à partir de ce jour.

Lecture faite audit sieur (*nom et prénoms de l'engagé*), et aux
deux témoins ci-dessus dénommés, du présent acte, ils ont signé
avec nous. (*Si l'engagé ou les témoins ne peuvent signer, il sera
fait mention de la cause qui les en empêchera, conformément à
l'article 39 du Code Napoléon.*)

Le Maire,

L'engagé,

Les témoins,   (*Cachet de la mairie.*)

DÉPARTEMENT d   , etc.   Modèle N° 46.

RECRUTEMENT.

ENGAGEMENTS VOLONTAIRES.

ACTE d'engagement volontaire après libération.

L'an mil huit cent   , le
à   heures du   ; s'est présenté devant nous, maire *ou*
adjoint de la commune d   , chef-lieu de canton,
arrondissement d   , département d   ,

Le sieur (*nom et prénoms de l'engagé*), âgé de   ,
exerçant la profession de (*spécifier, d'après la déclaration de
l'engagé, à la suite de l'indication de sa profession, en quelle
qualité et dans quel corps il a servi*), domicilié à   ,
canton d   , arrondissement d   ,
département d   , résidant à   ,
canton d   , arrondissement d   ,
département d   , fils de
et de   , domiciliés à   ,

canton d   , département d   ;
cheveux   , sourcils   , front   , yeux   ,
nez   , bouche   , menton   ,
visage (*indiquer ici les marques particulières*), taille d'un mètre
       millimètres,

Lequel, assisté du sieur (*nom et prénoms du premier témoin*),
âgé de   , exerçant la profession de   ,
domicilié à   , canton d   ,
arrondissement d   département d   ,

Et du sieur (*nom et prénoms du deuxième témoin*) , âgé
de   , exerçant la profession de   ,
domicilié à   , canton d   , arrondissement d   , département d   ,
appelés l'un et l'autre comme témoins, conformément à la loi ;

A déclaré vouloir s'engager dans l'armée.

A cet effet, et après nous avoir fait la déclaration ,

1° Qu'il n'est ni marié, ni veuf avec enfants ;

2° Qu'il n'est lié au service ni comme appelé ou substituant,
ni comme engagé volontaire ou rengagé, ni comme remplaçant
ou inscrit maritime ;

Ledit sieur (*nom et prénoms de l'engagé*) nous a présenté :

1° Un certificat délivré sous la date du   , par
(*nom, grade et corps de l'autorité militaire signataire du certificat*), et constatant que ledit sieur (*nom de l'engagé*) n'est atteint
d'aucune infirmité, qu'il a la taille et les autres qualités requises
pour être reçu dans l'armée, et qu'il peut être dirigé sur (*désignation du corps*) ;

2° Son acte de naissance (*si ce n'est pas un acte de naissance
que l'engagé produit , on énoncera le titre qu'il présentera ,
conformément à l'article 46 du Code Napoléon*) , constatant
qu'il est né le (*indication du jour, dn mois et de l'année en
toutes lettres*), à   , canton d   ,
arrondissement d   , département d   ;

3° Son congé de libération du service militaire ;

4° Un certificat de bonne conduite délivré par le corps où il a
servi en dernier lieu ;

5° Un certificat de bonnes vie et mœurs délivré sous la date
du   , par le maire d   ,
conformément à l'article 20 de la loi du 21 mars 1832 , sur le
recrutement de l'armée, et constatant :

1° Que ledit sieur (*nom de l'engagé*), jouit de ses droits civils ;

2° Qu'il n'a jamais été condamné à une peine correctionnelle pour vol, escroquerie, abus de confiance ou attentat aux
mœurs ;

Nous, maire du chef-lieu du canton d   ,

après avoir reconnu la régularité des pièces produites par le sieur (*nom et prénoms de l'engagé*), lui avons donné lecture :

1° Des articles 2, 32, 33, 34 de la loi du 21 mars 1832 ;

2° Des articles 17 et 18 de l'ordonnance royale du 28 avril 1832, lesquels ordonnent de faire conduire de brigade en brigade, par la gendarmerie, les engagés volontaires trouvés hors de la route qui leur est tracée, et de poursuivre comme insoumis ceux qui ne se rendent pas à leur destination dans les délais prescrits ;

3° De l'article 1er de l'ordonnance du 15 janvier 1837, d'après lequel les engagés volontaires doivent contracter, sous le rapport de leur incorporation dans l'armée, les mêmes obligations que celles imposées aux jeunes soldats appelés sous les drapeaux par la loi du recrutement, et seront, par conséquent, toujours susceptibles d'être changés de corps, sans distinction d'arme, toutes les fois que l'autorité militaire le prescrira ;

4° Des articles 11, 12 et 13 de la loi du 26 avril 1855 (*lorsqu'un arrêté du ministre de la guerre aura augmenté les allocations fixées par l'article 12 de la loi du 26 avril 1855, il en sera donné connaissance à l'engagé, et l'acte d'engagement devra constater ici qu'il lui en a été fait lecture*).

Après quoi nous avons reçu l'engagement du sieur (*nom et prénoms de l'engagé*), lequel a promis de servir avec fidélité et honneur pendant sept ans, durée de l'engagement volontaire, aux termes de l'article 33 de la loi du 21 mars 1832, et des articles 11 et 13 de la loi du 26 avril 1855, à partir de ce jour.

Lecture faite audit sieur (*nom et prénoms de l'engagé*) et aux deux témoins ci-dessus dénommés, du présent acte, ils ont signé avec nous (*si l'engagé ou les témoins ne peuvent signer, il sera fait mention de la cause qui les en empêchera, conformément à l'article 39 du Code Napoléon*).

L'*engagé*,   *Le Maire*,

A   , le   18

Les *témoins*,   (*Cachet de la mairie.*)

Le sous-intendant militaire, etc.

DÉPARTEMENT d   , etc.   MODÈLE N° 47,

RECRUTEMENT.

CLASSE de

DÉCLARATION d'extranéité.

Je, soussigné,

né à   , le

domicilié à   , canton d

déclare être fils d'étranger non naturalisé ; en conséquence, je demande à n'être pas soumis aux obligations du recrutement en France.

Fait à   , le   18 .

(Signature du réclamant.)

Vu par nous, maire de la commune d

DÉPARTEMENT d   , etc.   Modèle Nº 59.

RECRUTEMENT.

REMPLACEMENTS ADMINISTRATIFS.

LISTE nominative des jeunes gens qui se présentent pour être admis dans l'armée comme remplaçants par voie administrative.

Numéros d'ordre.	DATE de l'inscription.	NOMS, prénoms et surnoms.	DATE et lieu de naissance. — Commune et département.	DOMICILE.	PROFESSION.	TAILLE.	INDICATION de l'arme dans laquelle il a déjà servi.	DÉSIGNATION et nombre de pièces produites.	SIGNATURES des hommes qui se présentent pour être admis à remplacer. — Nota. Ceux qui ne savent pas signer feront une croix.

A (*nom de la commune chef-lieu de canton*), le   18 .

(*Cachet de la mairie.*)   *Le Maire,*

MODÈLE Nº 60.

CERTIFICAT DE SOUTIEN DE FAMILLE.

Nous, soussigné,
Maire de la commune d   assisté des
sieurs
pères de jeunes gens en activité de service ou désignés par le
sort pour concourir à la formation du contingent de leur classe,
certifions conjointement et sur notre responsabilité personnelle
que le sieur   , soldat de la classe de 186 , du
canton d   , est l'unique et indispensable soutien
de sa famille, qui est composée comme il est dit ci-dessous, et
dont les ressources sont indiquées au tableau suivant :

NOMS ET PRÉNOMS des ascendants et des frères et sœurs du réclamant.	Âge.	Sexe.	Profession.	Célibataire, marié ou veuf.	Infirmités ou autres causes qui les empêchent de travailler.	MONTANT DES CONTRIBUTIONS.				Nombre d'enfants.	OBSERVATIONS — Indiquer dans cette colonne les renseignements particuliers qui rendent le prénom indispensable à sa famille.
						Foncière.	Personnelle et mobilière.	Portes et fenêtres.	Patentes.		

Certifié véritable par nous, Maire et témoins
susmentionnés.
            A   le   18   .
            LES TÉMOINS,   LE MAIRE,
Vu et approuvé par   Vu et certifié par nous, Sous-Préfet
  nous, Préfet d   de l'arrondissement d
A   le   18 .   A   le   18 ;

Modèle N° 62.

BORDEREAU des pièces à produire, selon que le remplacement ou la substitutiou de numéros a lieu entre frères, beaux-frères où parents jusqu'au 6e degré.

INDICATION DES DIVERSES CATÉGORIES.	INDICATION DES PIÈCES A PRODUIRE.
1° Frères.	L'acte de naissance de chacun d'eux.
2° Beaux-Frères.	L'acte de naissance de chacun des deux beaux-frères, l'acte de naissance de la sœur mariée.
3° Oncle et neveu	L'acte de naissance du neveu, l'acte de naissance de son père ou de sa mère, l'acte de naissance de l'oncle.
4° Cousins germains.	L'acte de naissance de chacun des cousins germains ; l'acte de naissance du père ou de la mère de chacun d'eux, l'acte de mariage de l'auteur commun (sauf le cas de parenté naturelle).
5° Cousius au cinquième degré.	L'acte de naissance de deux cousins ; l'acte de naissance de leurs ascendants jusqu'à l'auteur commun, l'acte de mariage de l'auteur commun (sauf le cas de parenté naturelle).
6° Cousins issus de germains (sixième degré)	L'acte de naissance de deux consins ; l'acté de naissance de leurs ascendants jusqu'à l'auteur commun, l'acte de mariage de l'auteur commun (sauf le cas de parenté naturelle).
	Avec les pièces indiquées ci-dessus pour chaque catégorie, il devra être produit un certificat de trois pères de famille domiciliés dans le canton, et pères de jeunes gens soumis à l'appel ou ayant été appelés, lequel fera connaître le degré de parenté existant entre le remplaçant et le remplacé, le substituant et le substitué.

FIN.

TABLE DES MATIÈRES.

RECRUTEMENT.

FIN DE LA TABLE.

Le Mans. — Imp. du Temple et Vialat.

A LA MÊME LIBRAIRIE :

Le petit Livre des Postes, brochure en 4 feuilles, contenant un résumé complet de la législation et de la jurisprudence, et les renseignements nécessaires en matière postale. — Publication utile aux négociants, entrepreneurs de transports ; prix.   60 c.

Code des Cabaretiers, Limonadiers, etc., contenant le résumé de la législation et de la jurisprudence relative aux débits de boissons, logeurs en garnis, etc. ; prix.   60 c.

Le Voyageur, les Chemins de Fer et l'Hôtel, les Dames en voyage ; prix.   60 c.

L'*Union de la Sarthe*, le *Courrier d'Indre-et-Loire*, le *Journal de Maine-et-Loire*, ont rendu compte de ces diverses publications.

M. CHAUVEAU (Adolphe), dans son excellent *Recueil de Droit administratif*, résume ainsi les principales dispositions du VOYAGEUR, etc. :

« Cet ouvrage répond de la manière la plus satisfaisante aux questions que peut se faire le voyageur en chemin de fer, sur les difficultés *soit avec les Employés du chemin de fer, soit avec les Entrepreneurs des diligences et omnibus, soit avec le Maître d'hôtel chez lequel il descendra.*

« On y trouve enfin la clé d'une foule de détails que chacun devrait savoir et qui sont ignorés du plus grand nombre. »

Le *Droit*, analysant cette même publication dans son numéro du 2 octobre 1860 :

« Les questions si nombreuses et si délicates de responsabilité sont là presque toutes examinées avec soin et sommairement résolues, soit par un texte de loi, soit par des décisions judiciaires ou par des dispositions réglementaires, le plus souvent ignorées, même des jurisconsultes.

« Grâce à ces documents et aux sages conseils de l'auteur, chacun apprendra comment il peut assurer sa place et l'arrivée de sa personne et de ses effets à destination, dans le délai déterminé par la convention réelle ou tacite. — Ce qu'il doit faire en cas de retard, blessure, avarie, vol ou perte par accident quelconque, et à quelles indemnités peut donner lieu l'inexécution totale ou partielle, volontaire ou involontaire du contrat, etc. »

Syrey de Villeneuve, 12e cahier de l'année 1860 :

« Les dispositions légales et les solutions jurisprudentielles y sont résumées avec le plus grand soin et avec une clarté telle, que les personnes les plus étrangères à la connaissance du droit peuvent utiliser aisément les nombreux renseignements qu'il contient. « L'auteur a fait de son livre une édition de poche : la popularité n'en sera que plus vite assurée. »

Le Mans. — Impr. du Temple et Vialat.

www.ingramcontent.com/pod-product-compliance
Ingram Content Group UK Ltd.
Pitfield, Milton Keynes, MK11 3LW, UK
UKHW021631170726
13836UKWH00005B/2150